Filosofía del anarquismo

Charles Malato

Filosofía del anarquismo

Charles Malato

Incluye el artículo

Las colonias anarquistas

de Élisée Reclus

Edición anotada y prologada por Pablo Solares Villar

Filosofía del anarquismo.

Charles Malato.

Título original: Philosophie de l'anarchie.

Incluye el artículo:
«Las colonias anarquistas», de Élisée Reclus.

Traducción: Félix Azzati.
Prólogo y notas: Pablo Solares Villar.
Portada y revisión del texto: Pablo Solares Villar.

1ª edición: abril de 2016.

ISBN: 978-1532709050
Impreso por Create Space.

Prólogo

— Pablo Solares Villar[1] —

A modo de introducción.

«Algunas de las propuestas contenidas en estas páginas pueden parecer, al crítico, enunciadas de un modo demasiado perentoriamente afirmativo. La causa está en la imposibilidad de publicar un gran volumen y, en consecuencia, en la obligación de resumir, mucho más que en la pretensión de profetizar. Dada esta explicación, he preferido conservar la apariencia del libro: escrito en un periodo de vibración revolucionaria, cuando la batalla parecía inmediata, es más bien una especie de manifiesto lanzado corriendo para mostrar a los detractores que los anarquistas no eran violentos sin sentido (...)»

Con estas palabras se refería el anarquista francés Charles Malato a su obra *«Philosophie de l'anarchie»* en el prefacio a la tercera edición francesa, de 1897. El libro había sido escrito una década antes, en 1888, y editado por el propio autor en 1889, en un momento, como bien expresa en el párrafo que antecede, en el que las fuerzas de la iz-

---

[1] Nacido en 1976 en Llanes (Asturias), es licenciado en Filosofía por la Universidad de Oviedo. Responsable de la presente edición de «La filosofía del anarquismo», y autor de este prólogo y de las anotaciones al texto.

quierda francesa, socialista y anarquista, se movilizaban; había «ruido de sables» en Francia, y se presentía un golpe de estado del populista general Georges Boulanger[2], que finalmente no aconteció.

El convulso s. XIX en la política francesa.

En el siglo comprendido entre la Revolución Francesa de 1789, y la publicación de la «Filosofía del anarquismo», en 1889, la nación francesa había dado no uno, sino varios, bruscos cambios políticos. El propio Malato lo describe con precisión en las páginas de este libro:

> «*En un siglo, Francia ha experimentado casi todas las formas de gobierno: monarquía absoluta, monarquía constitucional, república, consulado, imperio, parlamentarismo y dictadura completa o mitigada.*»

El periodo de la Revolución Francesa, 1789-1799, marcó el brusco final del Antiguo Régimen y de la monarquía absolutista, y el inicio de la Primera República Francesa. Pero supuso un momento de inestabilidad política, con sucesivos esquemas gubernativos de corto recorrido.

Finalmente el ciclo revolucionario concluye en 1799 con la toma del poder por parte de Napoleón Bonaparte, inicialmente como primer cónsul, y después como empera-

---

[2] Georges Boulanger (1837-1891), militar y político francés, con gran protagonismo en los primeros años de la Tercera República Francesa. Participó en la sangrienta represión de la Comuna de París.

dor, lo que supone el fin de la República y el inicio del Primer Imperio (1804-1814). No es éste lugar para valorar la figura de Napoleón, pero las guerras napoleónicas y los cambios de gobierno en los países ocupados, modificarán la faz de toda Europa y extenderán por el continente el ideario de la Revolución Francesa.

Tras la derrota final de Napoleón en Waterloo (1815) y la reunión de los vencedores en el Congreso de Viena, es restaurada en el país la monarquía borbónica, limitada en su poder por una Constitución. La Restauración contó con dos reyes, Luis XVIII (entre 1814 y 1824) y Carlos X (entre 1824 y 1830), y supuso una importante reacción conservadora, incluyendo el restablecimiento del poder político de la Iglesia. Sin embargo, buena parte de los logros de la Revolución eran ya irreversibles: la desaparición de los gremios artesanales, el parlamentarismo, las desamortizaciones y redistribuciones de tierras, etc.

En 1830 la «revolución de julio» pone fin a la Restauración y derroca a Carlos X, instaurando acto seguido una nueva monarquía constitucional, llamada «monarquía de julio», que llevará al trono a la casa de Orleans, en la figura del rey Luis Felipe I. La Monarquía de Julio orleanista tuvo una vida breve, y de modo análogo a la monarquía borbónica de la Restauración, acabó cercenada por una revolución popular, la de 1848, que instaurará la Segunda República Francesa.

La Segunda República tuvo una vida efímera, y en diciembre de 1852 Napoleón III, sobrino nieto de Napoleón Bonaparte, da un golpe de estado y proclama el Segundo

Imperio Francés, que gobernará como emperador. Este Segundo Imperio supuso un momento de notable expansión para Francia, tanto territorial como económica, con un aumento del comercio exterior y gran desarrollo de las redes de transporte.

Sin embargo la bonanza del imperio de Napoleón III se resintió con algunos fracasos militares importantes, como la segunda intervención francesa en México, y sobre todo la aplastante derrota sufrida en la guerra franco-prusiana, en la que el propio emperador caerá prisionero en la batalla de Sedán. La derrota ante los prusianos en 1870 supuso el fin inmediato del Segundo Imperio, y la proclamación de la Tercera República Francesa, que regiría los destinos del país hasta la II Guerra Mundial. La transición, en todo caso, fue compleja.

Tras la derrota de Sedán y la caída de Napoleón III se crea un Gobierno de Defensa Nacional con la intención de oponerse al invasor prusiano. Sin embargo los esfuerzos son inútiles, y tras ser sometida a un largo asedio, finalmente París capitula y firma la rendición. Sin embargo la Guardia Nacional, con el apoyo de buena parte de la población parisina, se alza en rebeldía e instaura la Comuna de París, de corte comunista y anarquista, y de corta duración[3]. El gobierno provisional de Adolphe Thiers someterá de modo sangriento la Comuna, incluyendo un bombardeo inmisericorde en el corazón de París.

A pesar de los intentos de una restauración monár-

---

[3] Del 18 de marzo al 28 de mayo de 1871.

quica, y sin menoscabo del fuerte conservadurismo del gobierno provisional de Thiers, la Tercera República se impone. Esta nueva república contará con dos cámaras, Senado y Cámara de Diputados, una jefatura del Estado, —el Presidente de la República—, y un jefe de gobierno —el Primer Ministro—. Las ideas de republicanismo y laicismo se irán imponiendo a lo largo del periodo, venciendo a las corrientes monárquicas y conservadoras. No fue, no obstante, una época carente de avatares, incluyendo más de un intento de golpe de estado.

Fue también una época en la que los distintos movimientos obreros (socialistas, comunistas y anarquistas), van organizándose y cobrando fuerza, marco histórico en el que debemos situar la obra de Charles Malato.

Charles Malato.

Aunque poco conocido en España, Charles Malato es una de las figuras más influyentes dentro del movimiento anarquista francés de finales del s. XIX. Ensombrecido quizás por el brillo de la figura de Élisée Reclus[4], estuvo a un mismo nivel intelectual que aquel, y a la par de otros pen-

---

[4] Élisée Reclus (1830-1905), geógrafo francés, miembro anarquista de la Primera Internacional. Creador de la *Geografía social*, publicó numerosísimos trabajos sobre geografía humana y económica. A Reclus se le atribuye el aforismo «la anarquía es la más alta expresión del orden». El artículo «Las colonias anarquistas», que se incluye al final del presente volumen, fue publicado en 1902.

sadores ácratas franceses de la época, como Gautier[5] o Faure[6], también poco conocidos en nuestro país.

Charles Malato, de nombre completo Armand Antoine Charles Malato de Cornet, nace el 7 de septiembre de 1857 en Foug, localidad del distrito de Toul (en el departamento francés de Meurthe y Mosela, región de Lorena), en el seno de una familia de origen italiano con raíces en la nobleza napolitana.

Su madre, Marie-Louise-Octavie Hennequin, era natural de la Lorena. Su padre, Antonio Malato, nacido en Sicilia, había participado en la revolución siciliana de 1848[7], y tras el aplastamiento de la revuelta por los Borbones emprende el camino del exilio francés. En París participará en el levantamiento popular del 2 de diciembre de 1852 contra el golpe de estado de Napoleón III, y años después en los hechos de la Comuna de París de 1871.

En 1874 —el joven Charles Malato contaba con dieci-

---

[5] Émile Gautier (1853-1937), periodista y teórico anarquista; doctor en derecho y discípulo de Jules Vallès. No confundir con Théophile Gautier (cf. nota 198).

[6] Sébastien Faure (1858-1942), escritor y filósofo anarquista francés; uno de los promotores de la llamada *síntesis anarquista*.

[7] La revolución siciliana fue en realidad la primera de las revoluciones europeas de 1848 (ola revolucionaria conocida como «la primavera de los pueblos»), pues se inicia el 12 de enero, un mes antes del alzamiento de París. La revuelta, finalmente aplastada, obligó a los Borbones a dotar de constitución al Reino de las Dos Sicilias.

siete años y se preparaba para estudiar medicina— ambos padres son condenados a la deportación a una colonia penal en Nueva Caledonia, territorio francés en el archipiélago de la Melanesia. Según unas fuentes, por su participación en los hechos de la Comuna; según otras, por orquestar una quiebra fraudulenta de la tienda familiar. Sea como fuere, toda la familia embarca en el puerto de Brest (Bretaña) el primero de marzo de 1875 rumbo a Nueva Caledonia, donde permanecerán hasta las leyes de amnistía de 1880; una amnistía que llegará demasiado tarde para la madre de Charles, fallecida en la deportación. En su destierro de ultramar Malato trabajó como telegrafista y se mostró muy interesado en la cultura de los isleños canacos[8]; de hecho, junto con Louise Michel[9], fue uno de los pocos franceses que apoyó la revuelta indígena canaca de 1878.

Con estos antecedentes, es obvio, Malato se educará en un ambiente republicano socialista y comunista. Regresa a la metrópoli en junio de 1881 y comienza a trabajar en el mundo del periodismo —en periódicos y agencias de prensa; como editor, corrector y redactor— aproximándose al anarquismo a partir de 1885, a raíz de su asistencia

---

[8] O «kanaky», que es como se denominan los melanesios a sí mismos en la actualidad.

[9] Louise Michel (1830-1905), educadora y escritora anarquista francesa. Fue una de las principales figuras de la Comuna de París, hechos por los que se vio condenada a la deportación a Nueva Caledonia, donde permanecerá de 1873 a 1880.

a un mitin de Joseph Tortelier[10]. Pronto pasa a ser un militante activo y a escribir sus primeras obras programáticas, como la presente «Filosofía del anarquismo», primer libro político que publica.

El mismo año en que ve la luz su *Philosophie de l'anarchie*, 1889, Malato participa en el Congreso Anarquista Internacional, celebrado en París, donde disertará sobre el anarquismo en caso de guerra y la insurrección armada. Continúa con su labor periodística de izquierdas, defendiendo desde las páginas de diversos periódicos el «ilegalismo» y el anarquismo insurreccional. En 1890, un artículo publicado en «*L'Attaque*» le costará su primera condena por parte de los tribunales franceses, a quince meses de prisión, por «incitar al asesinato, saqueo e incendio». Paralelamente se le abre un expediente de expulsión, acusándolo de «agitador italiano». El torticero argumento empleado por la justicia francesa se fundamentaba en que su padre nunca se había nacionalizado francés y su madre había perdido la nacionalidad al casarse con un extranjero. Finalmente no cumplirá íntegra la condena, saliendo de prisión en julio de 1891. Además el gobierno francés suspende su expulsión, acaso para evitar un escándalo en la prensa izquierdista.

Sin embargo los atentados de Ravachol[11] en marzo de

---

[10] Joseph Tortelier (1853-1925), militante anarquista y sindicalista francés, defensor de la huelga general como herramienta de lucha social.

[11] François Claudius Koënigstein (1859-1892), más conocido por

1892, y la subsiguiente represión contra los anarquistas en Francia, le animan a emprender el exilio, entrando al Reino Unido disfrazado de pastor anglicano.

Se establece en Londres, donde contrae matrimonio, y desde donde proseguirá con su labor periodística. Colaboró brevemente con Victor Henri Rochefort[12], hasta el estallido del *caso Dreyfus*[13], donde Rochefort tomaría posiciones anti-Dreyfus y antisemitas. En esta polémica intervendría Malato de forma muy activa en el «Diario del pueblo» (*Journal du peuple*), colaborando a menudo con Sébastien Faure, y tomando parte, así mismo, en el «comité revolucionario» encargado de responder a los eventos convocados por los nacionalistas. Igualmente escribió para

---

el apellido materno, Ravachol, fue un anarquista francés, famoso por sus atentados. En marzo de 1892 comete tres atentados con bomba: contra la casa de un juez, contra la casa de un procurador, y contra una comisaría de París, ninguno de los cuales se cobró víctimas mortales. Condenado a muerte por estos y otros hechos, fue ejecutado en la guillotina.

[12] Victor Henri Rochefort, Marqués de Rochefort-Luçay (1830-1913), periodista, político y autor teatral francés.

[13] Así se conoció la polémica surgida alrededor del juicio a Alfred Dreyfus (1859-1935), un capitán francés de origen judío alsaciano, acusado de espionaje. Émile Zola desató la polémica en 1898 con el artículo «Yo acuso» (*J'accuse*), denunciando el transfondo antisemita que había rodeado el juicio y al tribunal, lo que provocó una serie de crisis políticas en Francia en los años siguientes, agitadas por la prensa de uno y otro bando con la participación de las mejores plumas de la época.

los periódicos «La Aurora» (*L'Aurore*) y «La Humanidad» (*L'Humanité*) —hasta ser comprados por Georges Clemenceau[14]—, y también dirigirá, desde Londres, una campaña periodística internacional contra el llamado «proceso de Montjuic[15]».

A partir de 1899, y por unos años, Charles Malato se aleja un tanto de los círculos anarquistas e ingresa en la masonería, en la logia del Gran Oriente de Francia, consagrando sus esfuerzos periodísticos a la lucha anticlerical; el Malato masón sería duramente criticado por la mayor parte de los anarquistas, y finalmente renunciará a la masonería en 1908.

Tras su retorno a Francia, en 1905 la policía francesa

---

[14] Georges Clemenceau (1841-1929), político, médico y periodista francés. Alcanzó el cargo de primer ministro y la jefatura del gobierno durante la Tercera República Francesa.

[15] Se conoce como *proceso de Montjuic* al juicio militar que siguió al atentado terrorista contra la procesión del Corpus en Barcelona, en 1896, que provocó doce muertos. La represión se centró en el movimiento anarquista catalán, siendo detenidas cuatrocientas personas (todas ellas recluidas en el castillo de Montjuic), de las que 87 fueron finalmente procesadas. Se dictaron cinco condenas a muerte y más de una decena de condenas a prisión de 20, 18 y 10 años; todos los absueltos fueron desterrados. Buena parte de la prensa nacional e internacional del momento criticó duramente el proceso, cuyas diligencias judiciales carecían de toda garantía, y cuyas pruebas se reducían a las declaraciones de los principales acusados, arrancadas mediante torturas de la Guardia Civil.

acusa a Malato de colaborar en la organización del atentado en París contra Émile Loubet, a la sazón presidente de la república francesa, y Alfonso XIII, rey de España, aunque finalmente queda absuelto de todos los cargos[16]. Traba amistad en esta época con el español Francesc Ferrer i Guàrdia[17].

Entre 1907 y 1914, Charles Malato trabaja para los diarios «La guerra social» (*La Guerre Sociale*) y «La batalla sindicalista» (*La Bataille Syndicaliste*), y prosigue con su acción política sin descanso en mítines y comités. Una vez se inician las beligerancias de la I Guerra Mundial dará su apoyo a los Aliados[18] y criticará a los pacifistas, llamando a convertir la guerra imperialista en una guerra civil en Alemania. En 1916 firmará el «Manifiesto de los dieciséis»,

---

[16] Ambos gobernantes salieron ilesos, pero el atentado hirió a diecisiete personas, muchas de gravedad. El autor, un anarquista catalán con el nombre falso de Alejandro Farrás Pina, nunca fue detenido. Durante el juicio se demostró que las acusaciones y detenciones eran debidas a un complot policial, y todos los acusados quedaron absueltos.

[17] Francesc Ferrer i Guàrdia (1859-1909), pedagogo libertario español. Fue condenado a muerte por un consejo de guerra, acusado de instigar los sucesos de la *Semana Trágica* en Cataluña. La oleada de protestas internacionales por su ejecución fue una de las causas de la caída del gobierno de Antonio Maura. En 1911, dentro de este marco de indignación internacional, Malato publicará «*L'Assassinat de Ferrer*».

[18] Como también haría algún otro anarquista, por ejemplo, Piotr Kropotkin.

lo que le costará sufrir duras críticas por buena parte de sus correligionarios anarquistas. Persona consecuente, trató de alistarse en el ejército británico pero fue rechazado por su edad; después se presentó voluntario en Francia y allí sí fue aceptado, incorporándose a filas al final de la contienda.

Tras la Gran Guerra prosiguió con su labor periodística y literaria.

Fallece en París, el 7 de noviembre de 1938, dejando como legado una treintena de libros —entre ensayos, novelas y obras dramáticas— e innumerables artículos periodísticos.

La «Filosofía del anarquismo» de Malato.

En Charles Malato encontramos a un autor culto y educado, erudito incluso, que se encuentra al día de los avances científicos de su época y se apoya en ellos para la construcción de su teoría política. Su prosa es además amena y serena, fácil de leer en comparación con otros pensadores políticos de la época.

En «Filosofía del anarquismo», acaso la más influyente de sus obras, esboza de forma sencilla pero completa su ideal de la anarquía: una sociedad basada en el principio de la libertad individual, con una economía definida por la universalización de la propiedad, y una organización política construida a través de «redes sociales», las *afinidades*.

Al igual que otros pensadores anarquistas contemporáneos (Malatesta[19], Faure, Gautier) Malato desconfía de la acción de masas y defiende que han de ser los individuos conscientes quienes hagan madurar la anarquía, apoyando, en el terreno táctico, la utilización de cualquier circunstancia para atacar y desprestigiar al Estado. Sin embargo, en el seno de esa clásica disputa anarquista entre *colectivistas* e *individualistas*, Malato no acaba de tomar partido. En líneas generales sus tesis se hallan próximas al colectivismo, incluso al *mutualismo*, pero aquí y allá resurge con fuerza dentro de su obra un marcado individualismo. Condensa su postura al final del capítulo quinto:

«*En resumen: autonomía del hombre en el seno de la agrupación; autonomía de la agrupación en el seno del municipio, ciudad o capital; autonomía de los municipios, federándose por regiones, según las necesidades de la producción y del consumo; unión de los pueblos que, aproximados por naturales afinidades, llegarán progresivamente a fundirse en la única patria humana: he aquí el ideal social de los anarquistas.*»

En la *Philosophie de l'anarchie* desglosa de modo muy estructurado, capítulo a capítulo, los principales aspectos que habrán de desarrollarse en la construcción de la sociedad anarquista: propiedad y producción, pedagogía, reli-

---

[19] Errico Malatesta (1853-1932), teórico anarquista italiano. Uno de los grandes, y más influyentes, pensadores ácratas; sus ideas post-materialistas abrieron corrientes de pensamiento nuevas dentro de la teoría anarquista.

gión, justicia, familia, defensa militar, arte y ciencia, etc., y culmina el libro con un resumen histórico del «desenvolvimiento de la humanidad» y una previsión del futuro próximo que habrá de conducir finalmente a la anarquía. Ahora bien, aunque sostiene el triunfo final del anarquismo, advierte que este no se alcanzará «al día siguiente de la revolución social»; sin embargo, los sucesivos alzamientos revolucionarios habrán de ir allanando el camino hacia el fin último.

Malato inicia su exposición diferenciando entre las distintas ramas del socialismo (moderados, autoritarios y anarquistas) y vaticina que cada uno de los modelos tendrá más implantación en unas razas que en otras, siendo la latina más propensa a acoger las teorías anarquistas. Vemos en ello una influencia clara del darwinismo social y el racismo, que dominaban el pensamiento del último tercio del s. XIX, influencia que se manifiesta más claramente en el capítulo final del libro y en otras obras del autor[20]. En contraposición a esta tendencia latina hacia la anarquía, ve en el socialismo autoritario más afinidad con los pueblos germánicos, anunciando la llegada de un «comunismo a la prusiana».

En la mayoría de las consideraciones, ordenadamente expuestas, no se aleja demasiado de las ideas clásicas y

---

[20] «*Les Classes sociales au point de l'evolution zoologique*», escrito por Malato en 1907, es quizá la obra donde mejor se aprecia esta vinculación con el darwinismo social, ya en retroceso en esa época dentro de los ambientes académicos.

más extendidas del anarquismo: condena de todo credo religioso y de toda jerarquía, amor libre y libre agrupación, abolición de la propiedad privada como modo de resarcir toda injusticia social, desaparición de la moneda, etc. Sin embargo critica la falta de organización de los anarquistas, reclama la creación de un programa revolucionario anarco-comunista, y no rechaza de plano el sufragio como solución política en algunos casos. Hay, además, dos aspectos de la obra de Malato que son originales y, en buena medida, novedosos.

Uno es el referido a la educación anarquista, donde distingue entre *educación* e *instrucción*. La primera se produce a lo largo de toda la vida de forma libre y espontánea, y la implantación de la sociedad ácrata la alejará de los convencionalismos y costumbres. Sin embargo, se muestra también partidario de una instrucción formal en las primeras etapas de la vida, que inevitablemente habrá de mantener una cierta autoridad profesor-alumno. Mencionemos de pasada que las ideas pedagógicas de Malato influyeron en la *Escuela Moderna* de Ferrer i Guàrdia.

El otro se refiere a la defensa armada de la sociedad anarquista, concepto que choca con las concepciones antimilitaristas imperantes en las corrientes de pensamiento ácrata y que, como el mismo Malato anota en la tercera edición francesa de 1897[21], fueron duramente contestadas por parte de sus correligionarios libertarios. No obstante el planteamiento de Malato no carece de lógica. Condena las

[21] Cf. nota 128.

guerras como un instrumento burgués, pero considera que la revolución anarquista debe tener una defensa, al menos en tanto en cuanto el anarquismo no se extienda a toda la humanidad. Aboga pues por armar al pueblo revolucionario, concepto que vino a confirmar la idea del *pueblo en armas*, finalmente concretada en alzamientos posteriores, como el movimiento majnovista en Ucrania durante el periodo de 1918 a 1921[22], o mismamente en la Guerra Civil española[23].

En conjunto, la «Filosofía del anarquismo» es una obra

---

[22] Néstor Majnó (o Makhno, 1889-1934), revolucionario anarquista ucraniano, lideró la llamada *Revolución majnovista*, de carácter anarcocomunista. Majnó coordinó varias guerrillas en el «Ejército Insurreccional de Ucrania» (llamado *Ejército Negro* por sus banderas), y logró imponer la comuna anarquista sobre un vasto territorio del sudeste ucraniano, el «Territorio Libre», enfrentado tanto al *Ejército Blanco* zarista como al *Ejército Rojo* bolchevique; con los últimos, sin embargo, se vería obligado a colaborar en algunos momentos de la guerra contra los zaristas. El ensayo social comunal fue pacífico y exitoso, en buena medida debido a la cohesión del campesinado ucraniano en torno a las ideas majnovistas. Sin embargo, el Territorio Libre fue finalmente derrotado por los bolcheviques, una vez el *Ejército Negro* quedó diezmado en la guerra sostenida contra los rusos blancos.

[23] El alzamiento anarquista de Barcelona el 19 de julio de 1936 —como respuesta al alzamiento nacional del 18 de julio—, y el subsiguiente dominio de las ideas anarquistas sobre la mayor parte de Cataluña y Aragón en los inicios de la Guerra Civil, son conocidos entre los historiadores ácratas como Revolución Española.

breve y ligera, casi panfletaria en algunos aspectos, y sin embargo, a un tiempo, refleja de forma muy completa la teoría política del autor. Desde la óptica actual, con siglo y cuarto de perspectiva, sorprende la perspicacia de Malato para vislumbrar algunos aspectos de la geopolítica posterior, casi tanto como la ingenuidad y poco acierto de otra parte de sus pronósticos. Así, cuando afirma que el s. XX será el siglo de Rusia —aseveración que con seguridad sonó extraña a sus contemporáneos— no parece andar desencaminado. Sí lo está en cambio cuando, a renglón seguido, afirma que el alzamiento de Rusia entre las demás naciones vendrá de la mano del comunismo anarquista; bien sabemos que el *socialismo real* de los soviets se acercó más a lo que Malato definía como «comunismo a la prusiana».

Igualmente ingenua parece hoy la confianza ciega en el ilimitado progreso de la ciencia y la tecnología, vista siempre en positivo y obviando las posibles consecuencias negativas que la sociedad actual —armas nucleares y cambio climático mediante— ha constatado. Pero sorprende su acierto al anticipar, por ejemplo, los modernos procesos de *deslocalización* de las grandes corporaciones, y el traslado de las principales manufacturas del capitalismo a Asia[24].

En conjunto esta obra de filosofía anarquista ha envejecido de modo desigual. Muchas reflexiones de Malato aún podríamos considerarlas de actualidad, y vigentes muchas de las problemáticas sociales que aborda. Sin embargo las

---

[24] Cf. nota 280.

referencias a algunas doctrinas y pseudociencias caídas en descrédito (el ya citado darwinismo social, la frenología; el *magnetismo*, incluso), alejan la obra del lector actual. Tengamos en cuenta, no obstante, que esa era la ciencia vigente en su tiempo. Por otro lado, el lector del s. XXI (y más el de lengua hispana) se ve complicado por las abundantes alusiones a hechos concretos de la política decimonónica francesa y de anteriores épocas históricas; obstáculo éste que trata de paliar la presente edición anotada.

A propósito de esta edición.

No es la primera vez que se publica la «Filosofía del anarquismo» en español; de hecho cuenta en nuestro idioma con varias ediciones distintas, todas descatalogadas y difíciles de encontrar en la actualidad.

La primera de ellas fue impresa por «F. Sempere y Cía. editores» en Valencia, hacia 1902[25], con traducción de Félix Azzati[26] y el añadido, a modo de apéndice, del artículo de

---

[25] No consta en el volumen la fecha exacta de edición.

[26] Félix Azzati (1874-1929), periodista, político y traductor español. Fue colaborador de Vicente Blasco Ibáñez y figuró entre los fundadores del periódico «El Pueblo» y del «Partido de Unión Republicana Autonomista»; en la dirección de ambos sucedió a Blasco Ibáñez. Fue elegido diputado en 1908, siendo reelegido en siete ocasiones sucesivas, hasta 1923. Contaba con las simpatías de los anarcosindicalistas valencianos, que constituían una fuerza importante en la época y que le dieron su voto. Azzati mantuvo al republicanismo valenciano lejos de las posiciones de Lerroux, y llegó a ser procesado por la justicia a raíz de algunas

Élisée Reclus «Las colonias anarquistas», con tamaño de octavo mayor, 188 páginas, y cubierta de cartoné. De esta misma edición se hicieron reimpresiones posteriores (hacia 1910), con plazas de impresión en Valencia y Madrid, y versión en rústica.

Cabe señalar que esta versión española lo es de la primera edición francesa de 1888, a pesar de que con anterioridad Charles Malato ya había publicado la tercera edición francesa, en 1897, ampliada con varios capítulos nuevos y numerosas anotaciones al texto de la primera edición. Vio la luz con el título «Philosophie de l'anarchie (1888-1897)». Esta tercera edición era conocida sin duda por el traductor y el editor español, pues la versión de Sempere recoge algunas notas de la edición francesa de 1897[27]. Sin embargo, y aunque no contiene esa importante ampliación del texto que supuso el añadido de varios capítulos, el editor sí tuvo a bien incluir en el volumen el artículo de Reclus, publicado en Francia en 1902.

Poco después, pero sin salirnos de la primera década del s. XX[28], ve la luz un extracto del libro, titulado «Desenvolvimiento de la humanidad», publicado en España por el «Centro Editorial Presa» (con plaza de edición en Barcelona), y en Latinoamérica por «Maucci Hermanos» (con

---

de sus campañas periodísticas y políticas.

[27] Sin embargo, y es digno de mencionar, no recoge la totalidad de las notas a pie de página de la primera edición francesa.

[28] Tampoco consta en este caso su fecha de edición.

plazas de edición en Buenos Aires y México). Este opús-culo de 63 páginas incluye, en este orden, los capítulos XIII, X, y IV de la «Filosofía del anarquismo», con idéntica traducción de F. Azzati.

Ya en 1977 (con reimpresiones al año siguiente) una nueva edición del libro será publicada en España por la «Editorial Júcar» dentro de su *Biblioteca Júcar de política*, con plazas de edición en Madrid y Gijón, y un breve pró-logo de Carlos Díaz, prolífico catedrático en Filosofía; en rústica y con 128 páginas.

Tenemos noticia así mismo de al menos tres ediciones impresas en Buenos Aires. Una en 1924, por el editor «B. Fueyo»; otra de la editorial «Azcuénaga», sin poder preci-sar año de publicación; y la más moderna, de 1980, por «ediciones Austral».

Además, en la actualidad es posible encontrar también en internet una versión en formato *pdf* del texto de Malato, en la traducción de Azzati[29], digitalizada de la primera edición española y de distribución gratuita, pero —es obli-gado señalarlo— con importantes erratas (que llegan a transformar el sentido de las frases), errores de digitaliza-ción (faltan párrafos enteros), e incluso, modificaciones del texto aparentemente intencionadas.

La presente edición de la «Filosofía del anarquismo» de Charles Malato se ciñe también al texto de la primera edi-

---

[29] Ambas propiedades intelectuales, el libro de Malato y la tra-ducción de Azzati, son ya obras de *dominio público* de acuerdo a las leyes españolas y los convenios internacionales.

ción española de Sempere, con las mismas notas y el mismo anexo de Élisée Reclus. No obstante, en el proceso de digitalización y edición se ha sometido el texto a algunos cambios, que consideramos preciso señalar.

En primer lugar, y como no podía ser de otro modo, se ha adecuado el texto a las normas ortográficas actuales (así, gerarquía > jerarquía, á > a, etc.), y en el mismo sentido se ha adaptado al uso actual el nombre de muchos de los autores citados por Malato, que en la edición de Sempere aparecen castellanizados (empezando por el propio nombre del autor, Carlos Malato > Charles Malato, pero también otros, Carlos Marx > Karl Marx, por ejemplo) o en su forma francesa cuando provienen de una tercera lengua (muy particularmente con los nombres rusos: Bakounine > Bakunin, Pouchkine > Pushkin, Kropotkine > Kropotkin, etc.). Idéntico criterio hemos seguido también con los nombres de lugar, que aparecen en ocasiones con su forma francesa en la edición de Sempere (así, Khiva > Jiva, Bâle > Basilea, etc.).

En lo referente a la puntuación, sin embargo, hemos limitado los cambios lo máximo posible, modificando sólo aquellas puntuaciones que ponían en entredicho la comprensión del texto. El uso de las mayúsculas y de las cursivas es idéntico al de la primera edición española, que a su vez se ajusta al original francés. Sí hemos realizado, en cambio, alguna modificación en el salto de los párrafos, para adecuar esta nueva edición española a la edición francesa original.

Por lo demás, la principal novedad del libro que sostiene en sus manos, amigo lector, es que se trata de una edición extensa y cuidadosamente anotada, lo cual facilita la lectura y la comprensión por parte del público no académico. Las anotaciones al texto son diversas:

Notas al pie del propio autor. Tanto de la primera edición francesa, que aparecen señaladas «(N. del A.)», como de la tercera edición francesa, señaladas en este caso «(N. del A., 1897)». Así mismo existen un par de notas del traductor, «(N. del T.)».

Anotaciones del editor, que por ser las más numerosas no han sido señaladas de modo específico. Estas últimas pretenden clarificar la identidad de los autores y hechos a los que Charles Malato hace continua referencia a lo largo de su obra, tratando de acercar el texto al lector actual, hacerlo más fácilmente comprensible al dotarlo de un marco histórico, y dar así más cabal idea del ambicioso proyecto teórico que Malato esconde tras este libro de apariencia modesta y sencilla.

Charles Malato en una fotografía antropométrica
de archivo policial (ca. 1894).

Filosofía del anarquismo

— Charles Malato —

I
CONSIDERACIONES GENERALES

En el seno de la revolución política del siglo XVIII apareció el germen de una revolución ulterior. Jacques Roux[30], Chaumette[31], los hebertistas[32], y más tarde Babeuf[33] con sus amigos, dieron el grito de las reivindicaciones sociales. Este precoz socialismo, apenas comprendido por muy pocos, no podía triunfar entonces, pero gracias a sus generosos precursores, fue la palabra de lucha del siglo de evolución siguiente y hoy tiende a imponerse.

Todo indica que ocurrirá lo mismo con la anarquía: presentida por Proudhon[34], afirmada por Bakunin[35], entrevis-

---

[30] Jacques Roux (1752-1794), revolucionario francés líder del grupo radical conocido como *enragés*, vinculados con el movimiento de los *sans-culottes*.

[31] Pierre-Gaspard Chaumette (1763-1794), político revolucionario francés. Junto con Hébert fue una de las figuras decisivas en la instauración del Terror.

[32] Los hebertistas conformaron un movimiento revolucionario extremista durante la Revolución Francesa. Deben el nombre al periodista y político revolucionario francés Jacques-René Hébert (1757-1794), su portavoz.

[33] François Babeuf (1760-1797), periodista, político y revolucionario francés. Su teoría política se considera una de las precursoras del comunismo.

[34] Pierre-Joseph Proudhon (1809-1865), filósofo político y revolu-

ta después de pocos años con mucha claridad y profesada actualmente por un corto número de adeptos[36], ejercerá una influencia decisiva en la próxima revolución social, sin lograr su triunfo. Pero una vez vencedor el socialismo, los esfuerzos, los estudios, se dirigirán hacia este nuevo ideal, que a su vez se apoderará del mundo.

Y más pronto de lo que se cree, porque la duración de las evoluciones humanas cada vez se acelera más. Se ha necesitado toda la noche de los tiempos para que la antigua esclavitud se trasformara en simple servidumbre; una serie de siglos para que la servidumbre llegara hasta el liberalismo constitucional, y sólo una centuria para la manifestación del socialismo. Se puede presumir, con un poco de audacia, que faltan pocas generaciones para llegar a un estado en que la jerarquía gubernamental será reemplazada por la libre asociación de los individuos y de las agrupaciones; la ley imperiosa a todos y de duración ilimitada, por el contrato voluntario; la hegemonía de la fortuna y del rango, por la universalización del bienestar y la equivalencia de las funciones, y, por último, la moral presente,

---

cionario francés, considerado uno de los padres del pensamiento anarquista y de su primera tendencia económica, el mutualismo.

[35] Mijaíl Bakunin (1815-1876), anarquista ruso. Probablemente el más conocido de la primera generación de filósofos anarquistas y considerado uno de los padres de este pensamiento, y en su seno, de la tesis colectivista.

[36] Desde el año 1888, este corto número que titulaban medio cuarterón, ha aumentado notablemente. (N. del A., 1897)

de hipócrita ferocidad, por una moral superior que dimanará naturalmente del nuevo orden de cosas.

Esto es la anarquía. Enunciamos la cosa antes que la palabra, porque las palabras asustan.

La anarquía es el complemento y, puede añadirse, la perfección del comunismo. Quiérase o no, la marcha de los pueblos civilizados hacia un comunismo verdadero es innegable: «La democracia rueda a torrentes», ha dicho Tocqueville[37]. En el presente, fuera del convento y del cuartel, ¿qué es el comunismo sino la confirmación, el resultado de la democracia, la generalización de los intereses no políticos (la política, esta farsa, está llamada a desaparecer), intereses materiales, tangibles, que dan vida a intereses económicos?

Este es el comunismo moderno, no más sentimental ni intuitivo que el de las tribus bárbaras, pero racionalista, científico que, desde Babeuf a nuestros días, ha penetrado en todas las capas sociales, precisándose aún más de Saint-Simon[38] a Fourier[39], de Fourier[40] a Cabet, de Cabet[41] a Karl

---

[37] Alexis Henri Charles de Clérel, vizconde de Tocqueville (1805-1859), pensador, jurista, político e historiador francés, uno de los más importantes ideólogos del liberalismo y precursor de la sociología clásica.

[38] Claude-Henri de Rouvroy, conde de Saint-Simon (1760-1825), filósofo y teórico social francés, partícipe de la corriente del socialismo utópico.

[39] Charles Fourier (1772-1837), pensador francés de la corriente del socialismo utópico y uno de los padres del cooperativismo.

Marx.

Los ignorantes que no ven más que la corteza, lo externo de las cosas, se sorprenden de los cambios que no han sabido prever, como el marino que, con los ojos fijos en la dormida superficie del mar, no advierte en su seno el anuncio pavoroso de próximas tempestades. Sobrevendrá la revolución social —esto es cuestión de algunos años solamente— y muchos la atribuirán al milagro, a lo imprevisto.

La humanidad comienza a tener conciencia de sí misma: la similitud y solidaridad de intereses, la necesidad de aprovechar en común los descubrimientos, las uniones más o menos pasajeras —el simple hecho, por ejemplo, de viajar juntos en un vagón o en un tranvía—, todo conduce al comunismo.

Pero expliquemos bien la palabra, porque hay comunismo y comunismo. Si entre las masas arraiga de día en día la idea de la *Socialización de fuerzas productoras* (suelo, subsuelo, máquinas), es decir, no más reparto, sino posesión del patrimonio universal hasta ahora inalienable, los unos quieren un registro, una reglamentación que emane de un

---

[40] Aunque Saint-Simon y Fourier no hayan sido comunistas, han contribuido a la aparición del comunismo, desarrollando poderosamente el espíritu de asociación, que es la esencia misma de un comunismo libertario. (N. del A.)

[41] Étienne Cabet (1788-1856), filósofo y teórico político francés dentro de la corriente del socialismo utópico, con tesis próximas al comunismo.

poder central, y los otros, admitiendo el concurso de todos en la producción, proclaman la autonomía absoluta del individuo: estos últimos son los anarquistas.

La palabra *anarquía,* durante mucho tiempo ha sido mal interpretada. Del mismo modo que bajo Luis XIV[42] los burgueses del Marais[43] no concebían que subsistieran estados sin monarca a su cabeza, ahora, sin estudiar la etimología de la palabra ANARQUÍA (*ausencia de gobierno*), la idea de que un hombre pueda ser autónomo, es decir, una cosa distinta de un juguete movido por otro hombre, parece disolvente a quienes vegetan toda su vida sujetos a estos principios heredados de sus mayores: *Es indispensable que haya un gobierno, es decir, una minoría de individuos encargados de dirigir a la mayoría y de pensar por ella.*

Y, sin embargo, ¿qué hombre de buen sentido, de buena fe, podrá negar que la verdadera libertad consiste en ser dueño absoluto de su persona y de su voluntad, y en conseguir la independencia de cada uno, asegurando, naturalmente, la independencia de todos?

La masa es aún inconsciente, nos dicen. Ciertamente: pero entonces, ¿por qué la adulamos todos? Su inconsciencia la hace ciega; ¿pero petrificando su cráneo en un molde único para todos, aseguramos su emancipación mo-

---

[42] Luis XIV (1638-1715), llamado «el Rey Sol», rey de Francia y de Navarra desde 1643 hasta su muerte.

[43] Barrio parisino en la margen derecha del Sena. Desde comienzos del s. XVII y hasta mediados del XVIII se convirtió en el área de residencia de la alta nobleza de París.

ral? ¿Quién es el hombre providencial, el genio incomparable que podrá vanagloriarse de pensar desinteresadamente por todos? En cuanto al gobierno de las asambleas, vale éste lo mismo que el de los individuos aislados, y aun quizás resulta más imperfecto, más caótico. Y si algunas veces es aquél menos despótico, no es en virtud de una moralidad superior, sino porque los intereses encontrados lo neutralizan.

En un siglo, Francia ha experimentado casi todas las formas de gobierno: monarquía absoluta, monarquía constitucional, república, consulado, imperio, parlamentarismo y dictadura completa o mitigada. ¿Han sido sus resultados, si no la dicha perfecta (pues ésta los charlatanes podrán sólo prometerla), al menos el sentimiento de generar bienestar suficiente, y la convicción de que no había necesidad de pedir a la violencia la conquista de progresos ulteriores? No. Los mismos males sociales: despotismo, corrupción, miseria y prostitución moral arriba y física abajo. Y cada vez se ha debido llamar al mismo médico, siempre temido; la revolución.

De la impotencia de las modificaciones gubernamentalles para equilibrar y armonizar los intereses en lucha en el seno de una sociedad cuyos principales engranajes son estos mismos intereses, ha nacido la concepción anarquista.

Los individuos —y son muchos aún entre los que se llaman revolucionarios— que afectan considerar la anarquía como la aplicación exclusivamente de la fuerza bruta y no como una filosofía social razonada, *muy razonada*, dan sencillamente una prueba de su ignorancia o de su mala fe. La fuerza, aquí, no puede ser más que la subordinada, el apoyo del derecho: se puede ser un hombre exaltado y ser un esclavo.

Los comienzos un poco confusos del partido anarquista en Francia, no pueden, en modo alguno, perjudicar la pureza de las ideas. Los partidos que figuran a la vanguardia contienen los mejores y los peores elementos: al lado de los pensadores que sueñan con una humanidad dichosa y libre, hay batalladores por amor a la batalla, románticos, seres fríos, que dicen pertenecer al partido *más avanzado*, porque esto, según ellos, les dispensa de estudiar; enamorados de lo paradójico, brillantes algunas veces y agradables de escuchar para quienes, habituados a la discusión de escuela, no se asustan por una palabra más, peligrosa muchas veces para la masa sencilla.

Pero los años pasan, se purifican los partidos, se precisan las ideas y se clarifican las fórmulas. La anarquía, muy diferente de los sistemas muertos apenas nacidos, de Fourier y de Cabet, tiene todo un porvenir de vitalidad, porque responde, no a la concepción de un filósofo, sino a la marcha de los acontecimientos, al ideal de los mejores y a las aspiraciones de todos.

Lo que aleja a un gran número de revolucionarios franceses de la anarquía, es que la mayor parte, a pesar de la fogosidad de sus discursos y de su aparente turbulencia, son muy rutinarios. Mientras que otros, más socialistas que revolucionarios, quieren imponer el sistema fruto de sus investigaciones; los primeros, más enamorados de la acción que del estudio, viven aún sujetos al fetichismo que les inculcaron los *gigantes de la Convención*[44]. Para estos, las revoluciones del futuro deberán calcarse absolutamente en la del 92. Cada vez habrá una Comuna, un Comité de salud pública y catorce ejércitos, ni uno más ni uno menos; Robespierre[45] y Saint-Just[46] debieran resucitar, y ¡quién sabe si estos plagiarios no llevarían su amor a la imitación hasta el extremo de colocar sus cabezas bajo el filo de guillotina![47]

El gran error de los espíritus superficiales está en imaginar que después de la realización del ideal que ellos sustentan, la humanidad no tendrá otro ideal que perseguir; siendo así que vemos cómo los republicanos oportunistas, tratados de exagerados por los monárquicos, tratan a su

---

[44] Se refiere el autor a la Convención Nacional de la Primera República Francesa, que abolió la monarquía y ostentó los poderes legislativo y ejecutivo de 1792 a 1795.

[45] Maximilien Robespierre (1758-1794), abogado y político francés. Fue uno de los líderes de la Revolución Francesa, jefe de la facción más radical de los jacobinos. Presidió por dos veces la Convención Nacional, y lideró el periodo del Terror.

[46] Louis de Saint-Just (1767-1794), político revolucionario francés. Junto con Robespierre fue uno de los directores del periodo conocido como el Terror.

[47] Podemos apreciar aquí, como en otros muchos pasajes de la obra malatiana, un fino e irónico sentido del humor. Destaca en este sentido el libro «*Prison fin-de-siécle. Souvenirs de Pélagie*», co-escrito con Ernest Gégout en 1891, en el cual narran —en clave de humor— su común experiencia en prisión.

vez de exagerados a los republicanos radicales, los cuales aplican este mismo epíteto a los posibilistas del socialismo y éstos lo aplican a los anarquistas.

Se puede decir, sin que esto sea paradójico, que todo hombre es a la vez el *reaccionario* de otro hombre y el *revolucionario* de otro también. Las concepciones más avanzadas no han sido hasta aquí más que etapas; puntos de reposo. Por ejemplo, de la familia a la tribu o al municipio, del municipio a la provincia, de la provincia a la patria, ¿cuántas modificaciones y expansiones no ha experimentado la idea de la agrupación? Hoy, saliendo del patriotismo, se va al *racismo* (paneslavismo, panlatinismo, pangermanismo) y más allá del *racismo* es la noción de la *humanidad* la que ya comienza a formarse. Lo mismo ocurre con todo; y esta marcha ascensional de las concepciones humanas, si debe hacernos indulgentes para los rezagados, debe impedir, sobre todo, que tratemos de utopista a quien va más allá que nosotros.

«Todo progreso —ha dicho Bakunin— supone la negación del punto de partida». Toda idea, podemos añadir, contiene una negación destinada a desaparecer pronto o tarde, y una afirmación destinada a ser la base de una nueva idea.

Así, en la idea del *patriotismo*, el principio positivo, real e indestructible es el de la solidaridad, la parte negativa es la que hace aparecer como enemigos, o al menos, como vecinos peligrosos, los que viven al otro lado de la frontera.

De la revolución de 1789, lo justo, lógico y perdurable, es la afirmación de los derechos del hombre, de la libertad del individuo en el seno de la sociedad. Lo que, al contrario, es falso y desaparecerá al soplo del progreso, es la constitución de un funcionarismo oligárquico y el establecimiento de un despotismo más peligroso que el despotismo monárquico, porque es insaciable e impersonal: el despotismo de la ley. Las leyes, consideradas como la salvaguardia de la libertad, son, por el contrario, sus peores enemigos, porque encadenan indefinidamente no sólo la generación en que se promulgaron, sino las generaciones futuras; y estas leyes, por justas, por maravillosas, por divinas que sean en su tiempo, forzosamente han de degenerar en opresoras, en una época en que los hombres, las costumbres y las ideas habrán cambiado, por el incesante movimiento de la humanidad.

Es preciso que termine esta fábula de la humanidad dominada y encadenada por principios eternos, inmutables: patria, religión, propiedad, familia, matrimonio. Si son inmutables, sus defensores no tienen por qué alarmarse de nuestros ataques. Pero la historia nos demuestra que han variado constantemente según el tiempo y lugar. ¿Qué era la patria al principio de la humanidad, cuando nuestros antepasados vivían en lóbregas grutas? No existía la religión; no había más que la ignorancia de los fenómenos naturales que debía ¡ay! hacer pasar al hombre por tantas fases: fetichismo, sabeísmo, politeísmo, monoteísmo, antes de dejarle entrever las realidades de la filosofía experimental.

La propiedad ha sido sucesivamente familiar, feudal, monárquica e individual. La familia ha sido patriarcal, matriarcal y despótica, según la forma griega, romana o cristiana. El matrimonio ha sido amorfo (promiscuación), poligámico, monogámico, poliándrico (aún lo es en las islas de la Sonda), indisoluble y disoluble. Las formalidades que lo han acompañado han variado hasta el infinito, convirtiéndose después en una cuestión de moda nada más.

Ocurrirá lo mismo en la revolución que se prepara. Esta revolución será ante todo socialista, o por ser más exactos, comunista, pues el socialismo no es más que la hipocresía del comunismo. La marcha constante de los hombres y de las cosas nos conduce inevitablemente a la revolución. Pero asusta pensar lo que será un comunismo ordenancista, codificado por legisladores, cada uno de los cuales tendrá un sistema favorito del que no querrá desprenderse; sistema basado, por otra parte, sobre laboriosos estudios, pero en los que se prescindirá de la voluntad, el temperamento, las pasiones, en una palabra, la libertad de cada individuo. La anarquía, que no triunfará aún —¡desgraciadamente!— en la próxima revolución, que no podrá triunfar porque aún no habrá tenido tiempo para penetrar en el corazón de la masas, pues la sucesión de los acontecimientos será más rápida que la evolución de los cerebros, la anarquía será el contrapeso indispensable para impedir que zozobre la libertad en el desbordamiento comunista, para conducirnos, en una palabra, a un comunismo de costumbres, no ya a un comunismo de leyes.

Entonces se trabajará conscientemente y al mismo tiempo por hábito, como se lava uno por costumbre todos los días.

Se consumirá lo suficiente sin derrochar nada ni acaparar nada, porque se tendrá la certidumbre de que siendo la tierra y las máquinas de todos, los productos continuarán al día siguiente con la misma abundancia en los almacenes de todos.

El recelo, expresado con frecuencia por ociosos poseedores, de que el obrero apenas se libre del yugo del patrono, se entregará a la pereza y a los excesos, es muy exagerado. Ocurre frecuentemente que, los que faltos de todo, se prometen grandes placeres y locos festines para cuando tengan dinero, el día que lo tienen son indiferentes a las cosas que les ilusionaban.

Lo repetimos: la anarquía absoluta, ideal, superior a todos los sistemas terminados en *ismo*, no se realizará al día siguiente de la revolución social. Pero esto no es una razón para negarla, ni mucho menos para combatirla.

Aun no considerándola como un estado extrahumano —lo que sería absurdo y nulo, no poseyendo cualidad alguna para trazar un límite al progreso—, representaría al menos el esfuerzo incesante hacía lo mejor, lo contrario de la inmovilidad que indica la muerte de las sociedades. Para poseer un poco hay necesidad de pedir mucho; sin una reivindicación compleja, excesiva si se quiere, de los derechos del individuo, el individuo, clasificado y regimentado, se ahogará en la masa, perecerá en la colectividad.

Nada sería tan criminalmente absurdo como querer en nombre de la igualdad, obligar a todos los hombres a trabajar el mismo número de horas, a absorber la misma cantidad de substancias, los mismos platos, a vestir ropas iguales, sin tener en cuenta las diferencias de temperamento, de organización, de edad, de gustos y de costumbres. ¡Valdría tanto como decretar que todos los hombres han de tener los cabellos negros y una talla de 1'65 metros!

La igualdad, tal como la comprenden estos reglamentadores, no es la verdadera igualdad, sino una igualdad superficial, aparente. No siendo idénticos los individuos, no pueden ser sometidos a reglas idénticas. El comunismo debe limitarse a colocar la riqueza social al alcance de todos, sin permitir a algunos acaparar lo que es necesario para el bienestar general, lo mismo las máquinas, las minas, los bosques que la luz del sol.

Cosa extraña por otra parte: los escritores socialistas contemporáneos han extraído todos sus argumentos del estado de la industria, fenómeno accidental, que un acontecimiento imprevisto, un descubrimiento cualquiera, puede modificar totalmente, y muy pocos se apoyan sobre la etnología, sobre el acontecimiento de las razas, sobre la tendencia, las afinidades, el pasado histórico de los pueblos.

A despecho de las aproximaciones y fusiones, que tienden afortunadamente de día en día a suprimir las fronteras, cada raza ha conservado un modo de vivir y de pensar que constituye su originalidad, su genio. Si los alemanes, sistemáticos hasta el exceso, tienden a un comunismo autoritario, a un socialismo de Estado, los latinos, más volubles, más ligeros, tienen grandes tendencias hacía la anarquía. La inestabilidad de los modernos gobiernos en Francia y España, las revoluciones populares de las repúblicas de la Edad Media, son una prueba irrebatible.

Autonomía y federación son las grandes fórmulas del porvenir. Desde ahora en adelante, la mayor parte de los movimientos sociales se orientarán en esta dirección; pero no obstante, todos los pueblos no caminarán con el mismo paso hacia este fin.

La mezcla de diferentes razas (la céltica, la latina, la germánica) han hecho de Francia, por excelencia, un país de experimentación. Ahora bien; en Francia los socialistas que no fundan casas de beneficencia ni del Papa se dividen actualmente en:

— Posibilistas o moderados.

— Marxistas o revolucionarios autoritarios.

— Anarquistas.

Conviene dejar aparte de esta enumeración a los independientes[48], que forman no una escuela, sino agrupaciones de unión, cuyos miembros se agregan a tal o cual secta, y los *blanquistas*[49] que, no teniendo ningún cuerpo de doctrina y buscando ante todo la conquista del poder, más por realizar reformas políticas que por revolucionar el orden social, están, según las circunstancias, tan pronto al lado de los marxistas como al lado de los burgueses ra-

---

[48] Sin embargo, un gran número de independientes, en otro tiempo aproximados al marxismo, han evolucionado sensiblemente hacia la anarquía. (N. del A.)

[49] Este movimiento político francés, el blanquismo, de carácter revolucionario, toma su nombre del político Louis Auguste Blanqui (1805-1881), socialista y revolucionario.

dicales[50].

Cada una de estas tres escuelas coexistentes parece corresponder a una raza distinta y adaptarse a su estado de espíritu o de costumbres. Ciertamente hay que desconfiar de toda clasificación, pero hay que hacer constar, sin embargo, que el posibilismo ha arraigado, sobre todo en las aglomeraciones célticas, propagándose en Bélgica con el partido obrero, arrastrando a la Gran Bretaña, esta tierra semicéltica, semisajona, con las asociaciones cooperativas (*Trades Unions*), análogas a las que forman en Francia el ejército del socialismo reformista. Aparece no menos claramente que, mientras el marxismo, doctrina de importación, se adapta a las formas alemanas, el anarquismo en su espontaneidad, en su fuego, en la brillantez de su ideal, refleja el espíritu de los modernos latinos.

Es verdad que entre los entusiasmos meridionales y el carácter frío y analítico de los ingleses hay una gran distancia. Éste, en general, penetrando de *lealismo*, aborda las cuestiones por sus detalles inmediatamente realizables. A pesar de esta enorme diferencia, la anarquía, bajo su forma más precisa, más práctica, la de la libre agrupación, tiene

---

[50] Desde la época en que estas líneas han sido escritas el movimiento boulangista ha fraccionado en dos campos el partido *blanquista*. Algunos de sus jefes, descorazonados o cansados, se han retirado; los demás han perdido su influencia. La verdad sea dicha, quedan algunos militantes activos, pero que parecen dirigirse hacia la revolución, más bien por su propio impulso que bajo la dirección de los antiguos líderes. (N. del A., 1897)

en Inglaterra un gran porvenir, porque el sentimiento de la individualidad existe mucho menos restringido que en otras partes por las instituciones, y el espíritu de la asociación hállase igualmente desarrollado. En cuanto al temperamento revolucionario, es menos definido, y más de una vez han sido los elementos extranjeros irlandeses, emigrados latinos o germánicos, quienes, aunque poco numerosos, han dado al movimiento social en Inglaterra su verdadera orientación.

Los socialistas alemanes, doctrinarios y enamorados de la autoridad —porque el espíritu de militarismo y de jerarquía los ha dominado—, serán sin duda violentos revolucionarios. Despiadados destructores del orden actual, lo sustituirán con un comunismo científico, dicen ellos, pero pesado, que dará a los trabajadores agrupados bajo la tutela del Estado más bienestar que libertad.

Menos profundo tal vez, menos exacto seguramente y más soñador, el espíritu latino, ligero e inconstante, no se prestará jamás a la prolongación de un comunismo de cuartel funcionando *a la prusiana*.

Al día siguiente de la revolución social, revolución que, en sus diversas fases, puede durar diez o doce años, es lógico presumir que, de las diversas tendencias doctrinarias y libertarias, se formará una resultante, un *modus vivendi* que, si aún no es la anarquía, protegerá no obstante la autonomía individual contra la opresión de la comunidad o de la corporación.

Nadie es tan tiránico como el que, desde un estado obscuro, ha llegado a ocupar elevados puestos, o sea el ser recientemente emancipado. Desembarazada del yugo del Estado, es probable que la Comuna[51] intentará regentar las corporaciones, y éstas, a su vez, no guardarán siempre el debido respeto a la libertad individual.

Este organismo, digamos la palabra, este gobierno, podrá ser más opresor que el del Estado, porque será un amo más inmediato.

En sentido inverso está llamada a formarse una sociedad armónica: el punto de partida no será ya el Estado, ser ficticio en cuyo nombre ciegas leyes rigen sobre millones de seres diferentes de temperamento, de gustos y de carácter, sino el individuo, el individuo, que es el germen de la humanidad, que es un *microcosmos* (un mundo pequeño), y a quien no se debe sacrificar, ni en nombre de la mayoría del pueblo ni en nombre del soberano. Salvo en el período de lucha, en que las necesidades conducirán a los más libertarios a ejercer presión y autoritarismo —pues pretender lo contrario sería ceguedad o hipocresía—, el derecho colectivo no es respetable mientras no sea la expresión del derecho individual. De otro modo no será otra cosa que la más tiránica de las obstrucciones.

Dígase lo que se quiera, comunismo e individualismo no son forzosamente dos términos inconciliables: al con-

---

[51] Hablamos aquí, no de la Comuna anarquista ideal, sino de la Comuna que nacerá al día siguiente de la revolución y que, especie de consejo de las corporaciones, ejercerá una autoridad de la que abusará fatalmente si la masa obrera no se cuida de mantenerla en el límite de sus atribuciones. (N. del A.)

trario, uno da fuerza a otro.

El porvenir demostrará que el individuo puede vivir muy bien libre en el seno de la comunidad.

Hasta hoy, la vida de las sociedades ha pasado en oscilaciones entre el comunismo y el individualismo. Privados de contrapeso, se hace generalmente demasiado sofocante el uno, para que pueda soportarlo impunemente la personalidad humana, y el otro, ferozmente egoísta, aniquila a los débiles. Este exceso reclama cada vez una reacción. Actualmente la reacción se prepara en el sentido del comunismo. Pero si éste, una vez pasadas las grandes sacudidas, no se equilibra con la libertad individual, las reivindicaciones a favor de esta última adquirirán muy pronto una fuerza irresistible. Más irresistible, porque estando garantizada la vida material, la vida intelectual y moral será más intensa, y por lo tanto más exigente.

La insubordinación latina[52], manifestada frecuentemente por la necesidad de expansión, más que por verdadero libertarismo, parece necesaria (hay que reconocerlo por encima de todo prejuicio patriótico) para contrabalancear los instintos jerárquicos de los alemanes, que muy prolíficos,

---

[52] Digan lo que quieran escritores como Félix Pyat, es evidente que los latinos no embrutecidos por la miseria y el fanatismo han cuidado mucho el desarrollo de su libertad individual. Su disciplina, tan frecuentemente criticada, es la prueba. En la antigüedad, si los germanos fueron más libertarios que los latinos, es porque aquellos aún eran bárbaros. Al civilizarse se han hecho más autoritarios. (N. del A.)

podrían en un momento dado, por su poder numérico, ejercer sobre las demás naciones una preponderancia que, por ser pacífica, no sería menos intolerable. Del científico pueblo de Goethe y Schiller han hecho los Hohenzollern[53] un cuartel, y hasta el socialismo se ha revestido de una forma dura. Liebknecht[54], el jefe del socialismo, parece hablar algunas veces como Federico II. Puede ser que detrás de la raza germánica —que en el apogeo de su fuerza parece destinada a eclipsar el viejo mundo latino— se levante la raza eslava, aún nueva, bárbara todavía, pero que al declinar el siglo XX, dormidos los latinos y agotados los alemanes, surgirá a su vez y hará que brille en Europa una civilización superior a todas las precedentes y de la que el poeta Pushkin, el escritor Tolstoi, los pensadores Bakunin, Herzen[55] y Kropotkin[56] habrán sido brillantes precursores.

---

[53] Casa dinástica alemana del reino de Prusia y, tras la unificación del país, del Imperio Alemán (1871-1918).

[54] Se refiere el autor a Wilhelm Liebknecht (1826-1900), político alemán que fuera uno de los fundadores del Partido Socialdemócrata de Alemania en 1869. No confundir con su hijo Karl Liebknecht (1871-1919) cofundador junto a Rosa Luxemburg de la Liga Espartaquista y el Partido Comunista de Alemania.

[55] Aleksandr Herzen (1812-1870), revolucionario ruso que creó una variante del socialismo utópico conocido como *socialismo campesino*, según el cual la sociedad rusa debía progresar a través de una revolución campesina.

[56] Piotr Kropotkin (1842-1921), pensador político ruso, uno de los principales teóricos del anarquismo y uno de los fundadores del

San Petersburgo será entonces para París lo que París es para Atenas. Esta civilización ligera, alada, profundamente humana, combinada, con el sentimentalismo eslavo, el arte griego, la fuerza latina y el genio alemán, se dilatará, sin trabas, en un pueblo destinado verdaderamente a pasar casi sin transición del autocratismo más absoluto a la más completa libertad.

En la historia de la humanidad se ve a las razas y las instituciones sociales desarrollarse paralelamente. Cada pueblo, ocupando su lugar en la serie de las evoluciones, aporta su contingente de hechos y de ideas y arroja una semilla para el porvenir. Lo mismo que Grecia nos ha legado el arte y Roma el estado —mal que ha sido necesario para combatir y vencer el feudalismo gótico—, del mismo modo que los bárbaros han vivificado Europa limpiándola de la putrefacción del bajo imperio, parece que sucesivamente Francia esté destinada a dar a Europa las primeras nociones de republicanismo, Alemania a organizar el comunismo autoritario y Rusia a que prevalezca la anarquía.

La victoria de la idea republicana, correspondiendo con la supremacía de Francia, ha sido el término de la revolución del siglo XVIII.

A fines del siglo XIX, el triunfo del comunismo concuerda con la hegemonía de Alemania.

El siglo actual será el siglo de Rusia; esto está fuera de duda. ¿Y cuál será entonces el fin de la evolución? Esa idea hoy naciente y aún mal comprendida, porque la miseria ha

---

anarcocomunismo; desarrolló la teoría del *apoyo mutuo*.

embrutecido las masas: la Anarquía.

Los rusos que, aun viviendo bajo un gobierno de la Edad Media, aspiran a la civilización del siglo XIX, se impregnan, singularmente, del espíritu francés y ven cómo se desarrollan lejos de ellos instituciones y regímenes distintos, no tendrán necesidad, cuando desaparezca su último autócrata, de pasar por las mismas fases que los occidentales[57]. Instruidos en nuestras vicisitudes y viviendo la vida de su época irán rectos hacia el fin. Mientras que en el campo el espíritu de sociabilidad mantenido por la existencia del *mir*[58] los ha hecho comunistas, en las grandes poblaciones, el deseo de libertad, sentido más intensamente a medida que se *occidentalizan*, los prepara para la evolución, franca y enteramente anarquista[59].

---

[57] Estas líneas, es preciso recordarlo, se escribieron cinco años antes de la creación de la alianza franco-rusa. Para gran número de reaccionarios franceses, el zar es el gendarme llamado con todos sus anhelos que podrá vencer la revolución social. Pero a despecho del zar, hay ciento veinticinco millones de rusos, entre los cuales se despierta la conciencia humana, y la tendencia de los pueblos es más fuerte que la política de los que los gobiernan. (N. del A., 1897)

[58] Comunidad agrícola análoga a la antigua tribu céltica y al *mark* germánico, que considera la tierra como un capital inalienable y se reparte periódicamente entre diversas familias. (N. del A.)

[59] Esta afirmación puede hacer sonreír. Los indulgentes se limitarán quizás a indicar que la mayor parte de los nihilistas activos, los que hablan en los congresos, a pesar de que el período de acción terrorista está suspendido, ostentan el título democrático-

Un día llegará en que los pueblos europeos se encontrarán frente a frente con la raza amarilla despertada de su letargo. Sin necesidad de guerras ni conquistas, sino por el solo hecho de una inevitable expansión, quinientos millones de inconscientes de aspecto humano, prosternados antes sus dragones y sus ídolos, lamiendo la tierra a los pies de sus reyes, reemplazando la mujer por el hombre y la filosofía por el monosilabismo, amenazarán con desbordarse sobre Europa. Este será un choque formidable. Si nuestros nietos no poseen esa palanca poderosa, que es la consciencia y la libertad del individuo, ¿cómo podrán maniobrar contra una nueva Edad Media? ¿Cómo encauzar el torrente y hacer que triunfe la civilización? A la supremacía del número, ¿qué oponer si no la inviolabilidad del ser? ¿Cómo combatir la plaga de los viejos prejuicios, de las antiguas religiones que han momificado el Oriente, el budismo, hermano del cristianismo, si no es por medio del racionalismo de la ciencia que, libre de toda traba oficial, habrá alcanzado un dominio prodigioso? ¿Y a la adoración de Dios y del amo, con qué responder si no es con la afirmación enteramente anarquista: «Ni Dios ni amo[60]»?

---

socialista. Nosotros les contestaremos que eso no son más que torneos que gozan ciertamente una publicidad momentánea, pero no una influencia educadora, comparable a la de Kropotkin y de Tolstoi, el cual, a pesar de sus tendencias místicas, hace casi siempre obra de anarquista. (N. del A.)

[60] La frase se atribuye a Bakunin. En 1880 Louis Auguste Blanqui funda en Francia un periódico con este nombre, *Ni dieu ni maître.*

II
RELIGIÓN Y PATRIA

Los escritores burgueses que amontonan para arrojarlas a la cabeza de sus adversarios, todas las estupideces corrientes, todos los *clichés* gastados, acusan a los socialistas de querer destruir indistintamente religión, patria, familia, propiedad, artes y ciencias. Estas censuras dirígense sobre todo a los anarquistas que, diferentes de los socialistas parlamentarios, rechazan todo paliativo.

Examinemos estas imputaciones y descubriremos que unas tienen un fundamento justo y que otras son erróneas.

¿La religión?

Causa profunda extrañeza ver a los volterianos que han suprimido a Dios para su uso personal, cómo preconizan su sostenimiento y aun su invención para uso del pueblo. «El pueblo —dicen ellos— necesita como los niños (y el pueblo no es otra cosa que un eterno niño) una religión...» Nada más añaden, pero es seguro que piensan: «Una religión que haga soportar pacientemente a los condenados de este mundo su infierno terrenal, mostrándole al término de este infierno un imaginario paraíso».

Los anticlericales burgueses de la tercera República francesa, mucho más preocupados en conquistar el poder que en iluminar las inteligencias populares, no abordaron la cuestión más que por sus lados más pequeños, combatiendo el culto oficial, no en su esencia constitutiva, sino solamente en su forma accesoria y a través de la vida de sus ministros, hombres ni mejores ni peores que los demás. Atacaron al cura, lo que hubiera sido excelente si se hubiesen tomado el trabajo de llegar hasta el fin y presentar, en lugar del antiguo mito impuesto a los espíritus, la verdad científica colocada al alcance de los menos cultos. En vez de hacer esto, se limitaron a escribir libelos satirizando la sotana para glorificar el tricornio del gendarme y censurando frecuentemente en el cristianismo las solas cosas que tuvo verdaderamente respetables: su primitivo grito de revuelta contra la opresión social, su afirmación de la solidaridad humana.

Es de justicia esperar en el cristianismo, como en el budismo o todo culto convertido en oficial y conservador con el tiempo, lo que, inicialmente, fue generosa reivindicación de lo que más tarde se hizo especulación interesada, ergotismo o locura.

Las creencias religiosas, basadas sobre la observación superficial de los fenómenos naturales, sobre la ambición del predominio de una casta a costa de la masa ignorante, o sobre las concepciones personales de un reformador, concepciones que originariamente han podido ser sinceras, pero que cesan poco a poco de hallarse en armonía con los progresos del espíritu humano y las costumbres de la época, han sido en todo tiempo las plagas de la humanidad[61].

---

[61] El budismo y el cristianismo, estas dos religiones que guardan tanta analogía y que al principio han sido sin contradicción, reformadoras, han conducido la primera a la momificación del Oriente, exaltando el deseo de humillación, el *nirvana*; la segunda

Todos los dogmas están llamados a ser sustituidos por la filosofía edificada sobre las bases del racionalismo científico.

Es un grosero error, digno de un papanatas creer que las religiones han sido inventadas todas *en una pieza*. Han sido creadas poco a poco por la ignorancia de las multitudes y después condensadas, sostenidas y explotadas por los charlatanes. De la adoración de la materia bruta o animada (fetichismo), el hombre se ha elevado a la adoración de las fuerzas naturales, el agua, el fuego, el viento, los astros (sabeísmo). Después ha supuesto la existencia de motores conscientes, a los que ha puesto el nombre de *dioses* (politeísmo); y finalmente, reduciendo de día en día el número de estos dioses y aumentando su potencia, ha llegado a no admitir más que uno solo (monoteísmo). Hoy se advierte ya que los fenómenos, tanto morales como físicos, son la obra, no de una voluntad suprema, independiente, sino de un encadenamiento de hechos que se determinan unos a otros hasta el punto de que, razonando sobre una serie de hechos conocidos, se puede deducir el resultado. Un edificio se libra de la destructora chispa eléctrica, no por la divina protección, sino porque está provisto de un

---

a la Inquisición, a la Edad Media, a la monstruosa tiranía de los papas. El protestantismo, existiendo progreso en su nacimiento, no ha tardado en constituir una religión hipócrita y egoísta como la sociedad moderna a la cual conviene admirablemente, religión más temible que el catolicismo, porque, más joven y en apariencia menos estúpida, tiene más vitalidad. (N. del A.)

pararrayos. Una nación será vencida, no por efecto de la ira celeste, sino porque su ejercito es inferior a los del enemigo o por carecer de jefes experimentados. Del mismo modo que se predice una indigestión si un hombre come más de la medida, que el tiempo seco dará una mala cosecha o que en tal circunstancia un individuo de temperamento nervioso procederá de un modo muy diferente a un linfático, lo mismo se llega a la conclusión de que tal hecho es origen de otro que a su vez tiene una causa más lejana. Las leyes naturales, que son simplemente la manera de ser de los cuerpos, eliminan, pues, la idea de Dios.

Los socialistas no anarquistas, que no comprendiendo que su sociedad ideal no se puede establecer más que sobre la destrucción completa de la actual sociedad, han cometido la falta de empeñarse en el engranaje parlamentario, serán impotentes contra la religión como lo han sido los republicanos radicales, los cuales después de haber prometido la separación de la Iglesia y el Estado, la supresión del presupuesto de cultos y convertir en bienes nacionales los tesoros acaparados por las congregaciones religiosas, no han podido ejecutar ninguno de los extremos de su programa. De concesión en concesión, de aplazamiento en aplazamiento, los socialistas parlamentarios dejaron todas las cosas en su estado. Sólo los anarquistas que han hecho suya la bandera de Blanqui: *ni Dios, ni amo*[62], resolverán el problema, no separando, sino suprimiendo la Iglesia y el Estado. El pensamiento ha muerto a la fe: todas

---

[62] Cf. nota 60.

las religiones están condenadas irrevocablemente.

El cristianismo se extingue. Nacido en Oriente, jamás ha podido echar raíces allí. El islamismo lo hizo fracasar en África. En Europa y América pierde terreno de día en día. No le resta por explotar más que las primitivas hordas de Oceanía, condenadas a la desaparición en un breve espacio.

El islamismo, por otra parte, no puede convenir a las naciones civilizadas. Aún le restan largos días en África y en la India, pero ha de llegar el momento en que la Industria y la ciencia se posesionarán definitivamente del país de *las mil y una noches*; y este día será vencido el islamismo.

El judaísmo no hace prosélitos, muy al contrario, sus creyentes lo abandonan para hacerse ateos y librepensadores. Esta religión se extinguirá dulcemente.

El brahmanismo, aun contando con doscientos millones de fieles, se bate muy difícilmente contra el islamismo profesado por cincuenta millones de indios. El día en que se produzcan grandes cambios sociales, cada vez más inevitables por la rivalidad de ingleses y rusos en el Asia central, se hundirá el brahmanismo.

El budismo encierra en el fondo una concepción de panteísmo materialista, pero la ignorancia y la superstición no han tardado en alterarlo profundamente. Menos tiránico que el brahmanismo, contra el cual hubo de sostener luchas empeñadas, conduce, sin embargo, al desprecio de la vida humana y del progreso. Profesado por la inmensa mayoría de la raza amarilla, se encontrará dentro de un siglo en contacto con el materialismo científico, que habrá sepultado al cristianismo. No cabe ninguna duda de que en esta lucha la victoria será para la libertad del pensamiento.

Una religión más vulgar, la de la patria, ha venido, desde hace un siglo sobre todo, a sustituir a la vieja fe, cayendo poco a poco en desuso. Se nos censura a los anarquistas porque atacamos a las dos indistintamente; pero, antes de ir más lejos; es preciso que nos entendamos.

Desde luego, es evidente que nada hay tan absurdo como aborrecer a un hombre porque ha nacido en la orilla derecha del río tal, en vez de haber nacido en la orilla izquierda. Pretender que su corazón se dilate en Bayona y se le encoja en San Sebastián, es el colmo del absurdo, y se pregunta uno cómo es posible que semejante locura pueda encontrar todavía adeptos. La naturaleza humana, no menos que la lógica, protesta contra tan bárbaro razonamiento. Si un individuo cae en el Sena, los valerosos ciudadanos que arriesguen su vida por salvar la de aquel desgraciado, no preguntarán antes si se trata de un *súbdito* francés o alemán: no verán en él más que un *hombre*.

Genoveses y venecianos pertenecen hoy a la misma patria; no ocurría así en la Edad Media. En nombre de la patria se peleaban los Doria y los Dandolo[63], y en nombre de la misma abstracción morían los genoveses el año 1866 en Custoza por arrancar Venecia del yugo austriaco[64].

---

[63] Importantes familias patricias de las Serenísimas Repúblicas de Génova —los Doria— y de Venecia —los Dandolo.

[64] La batalla de Custoza, el 24 de junio de 1866. Las fuerzas aus-

¡Y esos habitantes de Tiflis[65] y de Jiva[66], enemigos en otro tiempo de Rusia y que hoy combaten por ella! ¿Todo esto no prueba que la idea de la patria, muy menguada al nacer y aun hoy muy estrecha, se dilatará, fundiéndose finalmente con la idea de la humanidad?

La humanidad, en su desenvolvimiento, ha ensanchado el círculo en que estaba encerrada primitivamente. A la agrupación familiar[67], impuesta por las necesidades fisiológicas y la necesidad de la reproducción, ha sucedido la tribu entre los nómadas, la ciudad entre los sedentarios. Esta forma, que ha durado mucho tiempo, que dura todavía entre los menos civilizados, ha dado lugar a las federaciones entre los pueblos más libres, el Estado entre los otros. En la Edad Media, moralmente no existía Francia. La reemplazaba la Île-de-France, la Champagne, la Borgoña, Flandes, la Normandía, etc.; en el ochenta y nueve vino

---

triacas dirigidas por el Archiduque Alberto de Habsburgo derrotaron a las tropas italianas, a pesar de la superioridad numérica de estas, frustrando el intento de los italianos de liberar el Véneto y arrebatar Venecia al Imperio Austriaco.

[65] Tiflis, capital de Georgia.

[66] Jiva, ciudad actualmente en el suroeste de Uzbekistán. Fue capital de la región histórica de Corasmia y del Kanato de Jiva, uno de los tres kanatos uzbecos. Es conocida también como Jorasam.

[67] Esta agrupación llega a abarcar casi en todas partes, no solamente la familia inmediata formada por padres e hijos, sino también los grupos emparentados (*gens* entre los latinos, *clan* entre los celtas, *mark* entre los germanos, etc.). (N. del A.)

quien rompió las barreras, y de todas las provincias, diferentes en sus costumbres, en sus idiomas, en sus leyes, durante mucho tiempo enemigas mortales unas de otras, hizo una nación, una patria.

Esto fue un progreso inmenso y hubo necesidad de defender esta patria contra los déspotas de fuera y los reaccionarios y los *inmovilistas* de dentro, que querían sostener el antiguo desmembramiento. Hoy los *inmovilistas* se llaman patriotas, y los discípulos de los patriotas de entonces, desarrollando la idea primitiva, son cosmopolitas[68].

Hay dos modos de negar la patria: uno estrecho, bárbaro, irrealizable además, que sería querer el despedazamiento de un país unificado por la lengua y por un conjunto de costumbres. Esto sería el regreso al provincialismo, a la Edad Media. El otro, noble, generoso, justo además, porque está conforme con el movimiento de las cosas, que es preconizar la federación de los pueblos libres, constituyendo una patria única, sin rival[69].

---

[68] O internacionalistas. Desde 1888, época en que fueron escritas estas líneas, ciertos jesuitas de sayo corto, persiguiendo fines fáciles de comprender, se han esforzado en desacreditar la palabra «cosmopolita» (para desacreditar la idea), aplicándola especialmente a los lobos de la banca. (N. del A., 1897)

[69] El principal, si no el único obstáculo para la federación de los pueblos, es la existencia de gobiernos aún republicanos. Así, por consecuencia de la clase capitalista y gubernamental, las repúblicas de la América Latina, siendo de la misma raza y hablando la misma lengua, hállanse frecuentemente en guerra unas contra otras. ¿Se cree que podrá establecerse una república universal

Se me puede objetar que la fusión de tantos elementos étnicos diferentes no se puede hacer de un golpe. Es verdad que las primeras en agruparse entre sí, serán las naciones de una misma raza, existiendo afinidades naturales y comunes aspiraciones.

No cabe duda de que antes de llegar al internacionalismo completo habrá una etapa que será el *racismo*; pero hay derecho a esperar que el descanso resultará breve. El comunismo que, al comenzar su funcionamiento, parece que deberá ser fatalmente reglamentado, sobre todo desde el punto de vista de los cambios internacionales, entrañará la constitución de federaciones *racistas* (latina, eslava, germánica, etc.) La anarquía, que se puede entrever al final de dos o tres generaciones, cuando a consecuencia del desenvolvimiento de la producción, toda reglamentación sea superflua, será el fin del *racismo* para realizar el advenimiento de una nueva humanidad sin fronteras.

Lo que los anarquistas atacan despiadadamente en el patriotismo, no es un lazo más o menos real de solidaridad entre hombres de una misma región, sino al contrario, el particularismo feroz que impide la extensión de este lazo

---

mientras existan los prejuicios de patria y gobiernos rivales en Washington, París, Londres, Berlín, Viena, San Petersburgo, Roma y Méjico? ¿Consentirían estos gobiernos en disolverse o subordinarse los unos a los otros para operar la aproximación de las naciones? Ciertamente no, y la unidad humana hacia la cual marchamos indiscutiblemente, no se establecerá más que por la supresión de las fronteras y de los gobiernos. (N. del A.)

entre los hombres de otras regiones. Si aun cerca de sí, hablando un mismo idioma y respirando el mismo aire, se encuentra al despiadado enemigo que oprime y explota, ¿es lógico amontonar odio contra los desconocidos, oprimidos y explotados también, de detrás de las fronteras? ¡Gloria a Rothschild[70]! ¡Paso a Galliffet[71]! Y al pobre Juan del Pueblo, alemán o italiano, latigazos para que camine. Esta es la lección que los gobiernos enseñan a los gobernados.

¿Qué hombre consciente no enrojecerá hoy al recitarla?

En cuanto al antagonismo fundado sobre la concurrencia económica entre los trabajadores de distintas nacionalidades, muy vivo en el seno de las masas obreras, no tienen razón de ser. Si los obreros arrojados de su país por el crecimiento de población y la carencia de trabajo se ven reducidos a trabajar por un mísero salario, ¿es de estos desgraciados la culpa o de los que los explotan? Justamente por falta de comprensión de la solidaridad social, ¿qué pueblo no ha hecho soportar a otros el peso de su propia miseria? Sin remontarnos a épocas lejanas, ¿no vemos en

---

[70] Se refiere el autor a la conocida familia de banqueros e industriales, de origen judeo-alemán y con ramas en varios países europeos. La rama francesa apoyó el esfuerzo de la guerra franco-prusiana.

[71] Gaston de Galliffet (1830-1909), aristócrata, militar y político francés. Se distinguió por la represión durante el episodio de la Comuna de París, y por ello fue denostado por la opinión pública de izquierdas. Llegó a ser Ministro de la Guerra.

nuestros días a los mismos proletarios franceses e ingleses que censuran a los alemanes, italianos y belgas, porque buscan trabajo entre ellos, dirigirse por millares a las costas del Nuevo Mundo, para vender su fuerza muscular a los explotadores?

Más aun que el sentimentalismo, la conciencia de los intereses hará desaparecer estas barbaries, faltas de lógica.

III
LA ANARQUÍA EN LA FAMILIA — LA UNIÓN Y EL AMOR LIBRE

«¡Desgraciados! Vosotros predicáis el desprecio a la familia» —dicen a cada momento a los revolucionarios los moralistas burgueses.

Y la familia no existe.

¿Qué familia es esta en la que el hombre, la mujer y el hijo, trabajando como mercenarios en una fábrica para no morirse de hambre, se hacen una mutua competencia y han de encontrarse a la noche, después de diez o doce horas de separación, por su condición de esclavos, extenuados, descorazonados, teniendo en sus labios en vez de palabras de amor, imprecaciones que caen sobre el compañero de cadena?

¿Qué familia es esta en la que la madre no puede vigilar a su hija que un hijo de un burgués ha seducido en la calle y ha abandonado después de hacerla madre? ¿Qué es esta familia en la que el hijo nacido del azar no conocerá jamás a su padre, y en la que la madre, temiendo ser sorprendida por sus padres o sus amos, no pensará más que en desembarazarse furtivamente de su progenitura?

¿Qué familia es esta en la que todos, viejos y jóvenes, varones y hembras, atrofiados, depravados, corrompidos por la miseria, durmiendo bajo un mismo techo, sobre un mismo jergón, se disputan con ávida tenacidad un horrible bodrio?

¿Qué familia es esta de ricos burgueses afectados, ceremoniosos entre ellos, gozando, el señor, con las prostitutas; la señora, en las *soirees*; el hijo, seduciendo actrices; la hija, conquistando señoritos gomosos u oficiales del ejército, depravando con sus sofocados ardores a los camaradas de colegio o a las compañeras de convento?

¿Qué familia es esta compuesta de una interminable serie de primos, primas, sobrinos, nietos, tíos, tías, que os importunan, que os espían, esperando con impaciencia el momento en que os muráis para repartirse vuestros despojos[72]?

La familia ha muerto, y atacar a los anarquistas porque tratan de suprimirla es una demostración de ignorancia. No se trata de dividir a los individuos ya moralmente separados, sino al contrario, de extender el lazo de solidaridad del amor.

Este hogar doméstico que no existe ya, que la sociedad actual fundada sobre el interés *de uno contra todos* ha destruido, reformadlo, extendedlo, romped la cadena, y conseguiréis la unión: he aquí lo que propagan los anarquistas.

Esto es lo que ha expresado el poeta Paul Paillette[73] en

---

[72] Los burgueses han dado a la palabra *esperanza* una acepción espantosa. Cuando, refiriéndose a una joven que va a casarse, dicen que tiene *esperanzas*, esto significa que la muerte de sus padres vendrá a enriquecerla. (N. del A.)

[73] Paul Ambroise Paillette (1844-1920), poeta francés, anarquista, vegetariano y partidario del amor libre; autor de varios cancio-

los siguientes versos, que son a la vez un *credo* y un canto de amor.

«*Al contrario que a los civilizados, nos hacen falta a nuestros sentidos embotados las caricias de los viejos, de los niños y de las madres. Todos los viejos son nuestros padres, todos los niños son nuestros hijos, y sean amarillos, negros o blancos, en todas partes los hombres son nuestros hermanos*»[74].

Jamás la fraternidad humana, sobre la que tanto han despotricado los tartufos de la filantropía, ha sido glorificada con más sencillez ni con más fervor.

¿Es esto decir que el afecto pueda ser uniforme, igual para todos? No lo creemos.

En toda sociedad, por armónica que sea, hay individuos que inspiran a sus compañeros más simpatía que otros. Es evidente que la diferencia de caracteres, de aficiones, de aptitudes, creará lazos no ficticios y convencionales, sino morales, más poderosos que el parentesco.

Por otra parte, parece evidente que si el hombre puede amar como suyos a los hijos que el no ha creado, la mujer hará siempre una distinción entre éstos y los que han naci-

---

neros.

[74] «Autrement qu'aux civilisés / Il faut à nos sens apaisés / Les caresses et les baisers / Des Vieux, des bébés et des mères. / Tous les vieillards sont nos parents. / Tous les petits sont nos enfants / Et, qu'ils soient jaunes, noirs ou blancs, / Partout les hommes sont nos frères». *Les enfants de la Nature.*

do de su carne y de su sangre. Recíprocamente éstos amarán más a sus madres que a las demás mujeres.

El amor de la progenitura —evidenciado por los frenópatas[75]— está más desarrollado en las hembras de todas las especies animales, la humana inclusive: es una consecuencia de su estructura interna y externa. La presencia de órganos ausentes en el hombre, adaptados a funciones especiales: la matriz que guarda el germen, los pechos que nutren, determinan evidentemente sobre la materia cerebral sus impresiones, originando, por lo tanto, sentimientos e ideas distintas. Generalmente el amor del padre es más intelectual; el de la madre más *sensitivo*.

El nuevo orden social, suprimiendo las causas de los conflictos, desenvolverá los sentimientos afectivos oprimidos en nuestra sociedad egoísta, y lejos de disminuir el amor maternal, le dará más dulzura, mayor encanto.

Desembarazados de los prejuicios y de los lazos convencionales, los seres evolucionarán según la impulsión de su organismo. No será necesario ocultar los sentimientos.

La unión entre los sexos no será ya el innoble comercio actual; mujeres jóvenes entregadas a viejos agotados; hom-

---

[75] Se refiere a los frenólogos, «phrénologistes» en el original francés; probablemente se trate de una errata del traductor. La frenología fue una pseudociencia desarrollada por el anatomista y fisiólogo alemán Franz Joseph Gall, que gozó de gran predicamento durante buena parte del s. XIX. Pretendía determinar el carácter y los rasgos de la personalidad, así como las tendencias criminales, basándose en la forma y medidas del cráneo.

bres jóvenes desposándose con viejas coquetas enrique-
cidas; un título casándose con un arca de valores. Los
tiranos de frío corazón y apagados sentimientos no tendrán derecho ni poder para inmolar sus hijos a sus estú-
pidos prejuicios o a su avaricia.

Y si los defensores del matrimonio como hoy existe ale-
gan los *errores* de la juventud y la necesidad de la tutela y
la experiencia de los padres, fácil es contestarles que en el
matrimonio anarquista, no siendo indisoluble, cuando a
los esposos se les haga insoportable la vida, recuperarán
su libertad. Este será el amor libre en la unión libre.

Sería curioso que los mismos burgueses que han ins-
tituido el divorcio como un correctivo del matrimonio —al
uso principalmente de los ricos, porque las formalidades
necesarias son muy costosas para los pobres— sintieran
hipócrita pudor ante la facilidad de esta ruptura. Real-
mente, esta extraordinaria libertad hará que las uniones se
rompan con menos frecuencia o con menos escándalo que
en nuestros días. Constantemente vemos, en efecto, que en
los matrimonios llamados *ilegítimos* —sin duda porque el
amor y la libre elección los ha presidido—, el temor de ser
abandonados es un estimulante para la ternura.

«Pero ¿y la legislación del matrimonio por la Iglesia o,
al menos por la alcaldía? ¿Qué haréis de ellos?» —claman
los moralistas pudibundos, olvidando las cabriolas que hicieron de jóvenes en el baile de Bullier[76] y el desprecio de

---

[76] Salón de baile parisino fundado por François Bullier a mediados del s. XIX; cerró sus puertas definitivamente en 1940.

antaño para el matrimonio, cuya institución calificaban de burguesa.

Y bien; ¿es la sobrepelliz del cura o la banda del alcalde las que constituyen la unión entre dos seres? Si un hombre y una mujer son arrojados a una isla desierta, ¿esperarán, sea cual fuere la austeridad de su educación, que un alcalde problemático caiga desde el cielo para permitirles la unión?

La comparecencia ante un extraño que sanciona vuestro encadenamiento, no es más que una formalidad accesoria que varía según los pueblos o los tiempos y los lugares, instituida para garantizar un contrato de intereses. En una sociedad comunista, en la que no existirán privilegios, será muy natural renunciar a la indecente intrusión de un tercero en un acto que el hombre y la mujer realizarán en dulce misterio. En la época en que el sentimiento se confundía con la fe, se podía admitir la intervención de un cura, atrayendo sobre la cabeza de los esposos la bendición del cielo; pero hoy el Estado —esta iglesia laica— ha suplantado a la Iglesia cristiana, y el artículo 212 del código civil[77] es quien preside las palpitaciones del corazón, la turbación del esposo y de la enrojecida virgen. En el fondo no hay nada tan contrario al pudor como esta declaración de un acto fisiológico hecha a un indiferente que os inscribe en un libro voluminoso.

La unión libre implica la igualdad del hombre y de la mujer. La unión legal, al contrario, no libra a la joven des-

---

[77] Francés, naturalmente. (N. del T.)

posada, aun siendo mayor, de la tutela de la familia más que para someterla al despotismo del marido. Desgraciada la que, sorprendida en su buena fe, se case con un hombre brutal o desordenado. La ley está terminante: «La mujer debe seguir al marido a todas partes». Arruinada, maltratada, no podrá abandonar el hogar conyugal hasta que la justicia, después de mucha lentitud y muchos dispendios, no le otorgue el divorcio o la separación.

Como consecuencia, la mujer, aniquilada por la ley, entregada por un código anacrónico al capricho del marido, intenta luchar contra la fuerza por medio de la astucia, y degenera en maliciosa, sagaz y pérfida frecuentemente. En este estado de antagonismo declarado o escondido, la mujer se despoja de todo lo que forma el encanto de su sexo.

La razón y la dignidad están de parte de la unión libre, pues ésta, mucho mejor que el matrimonio legal, conserva la pureza de los afectos y renueva el amor. En todas épocas, el sentimiento humano, más intenso que los prejuicios, ha hecho surgir esos tipos de enamorados ilegítimos trasmitidos por la historia o creados por la leyenda; ejemplos: Hero y Leandro[78], Abelardo y Eloísa[79], Paolo y Francesca

---

[78] Mito griego con hondas repercusiones en el arte y la literatura. Hero y Leandro son dos jóvenes enamorados que viven en las dos orillas del Helesponto (el actual estrecho de Dardanelos); sus padres se oponen al matrimonio entre ellos y les prohíben mantener contacto. Sin embargo los jóvenes idean un plan para verse en secreto: cada noche Hero encenderá una luz en su torre para que Leandro la tome como guía y pueda atravesar a nado el estrecho. Una noche un fuerte vendaval apaga la luz encendida por

de Rímini[80]. ¿Qué hogar burgués, por honesto que sea, excita jamás la ternura que inspira los protagonistas de la novela del abate Prevost? El caballero Des-Grieux y su Manon Lescaut[81], los dos tan viciosos, tan neuróticos, pero te-

---

Hero, por lo que su amante pierde el rumbo y perece ahogado; tras ello Hero se suicida arrojándose de la torre.

[79] Pedro Abelardo (1079-1142), filósofo, teólogo y poeta escolástico francés. Más allá de su importancia en la historia de la filosofía y de la lógica, a partir del romanticismo es conocido por su relación con Eloísa (ca. 1092-1164). En 1115 Fulberto, canónigo de la Catedral de París, confía a Abelardo la educación de su sobrina Eloísa, joven de elevado nivel cultural. Ambos acaban haciéndose amantes, y finalmente en 1119 tienen un hijo fruto de esa relación, bautizado Astrolabio. Huyen y se casan en secreto. Como venganza Fulberto, ayudado por unos secuaces, castrará a Abelardo. Los culpables fueron castigados (Fulberto con el destierro), pero Eloísa se hizo monja y se retiró al monasterio de Argenteuil, y Abelardo, como monje, al de Saint-Denis. Se conserva aún parte de la correspondencia entre ambos, así como una breve autobiografía de Abelardo, la «Historia calamitatum».

[80] Francesca de Rímini, o de Polenta (ca. 1259-1285), noble italiana cuyo trágico destino fue inmortalizado por Dante en la «Divina Comedia», y que ha sido recogido en numerosas obras artísticas y literarias. En 1275 el padre de Francesca, gobernante de Rávena, la casa por razones de índole política con Gianciotto Malatesta de Rímini. Sin embargo Francesca se siente atraída por el hermano menor de éste, Paolo, del que finalmente se convertirá en amante. Ambos fueron asesinados por Gianciotto tras descubrir el adulterio.

[81] Se refiere el autor a la novela «Manon Lescaut», del abate An-

niendo en el corazón la viviente llama del amor. ¿Y Fausto y Margarita[82]?

La unión libre responde, por otra parte, a la marcha del progreso social. La estadística establece que en las grandes ciudades y sobre todo en París, el número de *hogares falsos* y de nacimientos naturales aumenta de día en día y en proporciones relativamente muy superiores al aumento de población.

Los partidarios del matrimonio legal acusan a sus adversarios de buscar la satisfacción de sus sentidos, hasta el punto de convertir la sociedad en un inmenso lupanar. Este reproche, dictado por un resto del espíritu cristiano de abstinencia y mortificación, inspirado en la creencia de que, para ganar el cielo, hay que pasar un infierno en este mundo, este reproche es absolutamente falso. Nada diferirá más de una sociedad en la que reine el amor libre, sincero, desinteresado, que esas madrigueras toleradas por el estado, en las que los explotadores se enriquecen, obligando a unas desdichadas a gozar caricias a precio de tarifa.

Hubo un tiempo en que se enseñaba que, para complacer a Dios, era necesario privarse de comer cuando se sentía hambre y de beber cuando se sentía sed, e ir con los pies desnudos, vestir harapos y dormir sobre el duro sue-

---

toine François Prévost (1697-1763), titulada originalmente «Historia del caballero Des Grieux y de Manon Lescaut».

[82] Aunque la historia de Fausto tiene una larga tradición literaria, parece referirse el autor a la novela «Fausto» de Johann Wolfgang von Goethe (1749-1832).

lo. Para decretar la degradación de la pobre bestia humana se le predicaba la castidad a todo trance, la renuncia a la mujer. Esto fue lo que nos dio la Edad Media, el embrutecimiento de Europa durante once siglos. Hoy la lucha está empeñada entre los que defienden la continuación del pasado y los que quieren la emancipación integral del individuo. Emancipar al individuo es aumentar su valor, dando a sus aptitudes, a sus facultades, toda la suma de su desenvolvimiento.

Oprimiendo y violentando los sentimientos es como se llega a pervertirlos, a crear afecciones anormales, el onanismo, la sodomía y el safismo. ¡Cuántas víctimas han sido hechas por el convento y el claustro! El fuego de las pasiones es menos peligroso que el aislamiento, que acaba por crear en el cerebro de los jóvenes extraños insomnios, entregándoles a vergonzosas prácticas, que los hacen impotentes o neuróticos.

La libre elección determinando las uniones, regenerará moral y físicamente la especie humana bestializada por la ignorancia, atrofiada por la miseria y el vicio y debilitada por un industrialismo sin freno.

Los tahitianos, pueblo en otro tiempo el más libre para el amor, constituían una raza soberbia. La llegada de los misioneros católicos y protestantes, que cambiaron su manera de vivir y quisieron regularizar sus matrimonios, fue una de las principales causas de la decadencia física y de la despoblación.

Se puede asegurar resueltamente que la supresión de todos los lazos convencionales, que permitirá hacer abiertamente lo que hoy se ejecuta con la mayor hipocresía, no nos conducirá a las orgías del Directorio, ni a los desenfrenos de la burguesía emancipada. Es evidente que, durante los primeros años que siguen a una revolución, reina cierto desorden en las ideas y en las costumbres. Pero el tiempo se encargará de educar a las generaciones, la agitación se calma, desaparecen poco a poco los excesos y se establece el equilibrio sobre otra base y con mayor estabilidad.

IV
LA PROPIEDAD

En una época en que el afán de lucrar ha llegado a su paroxismo, nada puede ser objeto de censuras tan violentas contra los anarquistas como sus ataques a la propiedad.

En otra época se acusaba a los socialistas de *repartidores*; esta calumnia ha caído en desuso, y si los ignorantes la repiten, los hombres cultos, los escritores serios, la rechazan.

En efecto, la comunización, la socialización de los capitales es exactamente lo contrario del *reparto*: es la propiedad cesando de ser acaparada individualmente y devuelta indivisible a la sociedad con el fin de que todos puedan poseerla.

¿De qué se compone la riqueza social?

— De capitales (numerario[83], tierra, minas, máquinas, inventos), fuentes de producción.

— De productos (agrícolas o industriales).

Si los comunistas piden que los medios de producción sean de todos y que los productos no sean arrebatados del poder de sus creadores, ¿viven en la lógica y en la justicia?

---

[83] Mencionamos el numerario, porque actualmente está considerado como un capital. En realidad es improductivo por su naturaleza, y no tendrá razón de ser en una sociedad comunista. *(Véase más adelante)* (N. del A.)

¿Qué hombre, por ejemplo, puede titularse legítimamente propietario de la más pequeña parcela de tierra? ¿Cuándo la ha creado? ¿Quién de sus predecesores ha poseído jamás el verdadero título de posesión? ¿Los legítimos propietarios del suelo francés eran los celtas, los latinos o los francos, que se lo arrebataron sucesivamente?

Los poseedores llamados legítimos del suelo argelino fueron las tribus árabes hasta 1830[84]. Desde esta fecha los gobiernos franceses son los que distribuyen a su antojo las tierras a los colonos europeos. La historia no es otra cosa que un perpetuo conflicto de las razas y de los pueblos que se empujan y se atropellan y pretenden legitimar por medio de leyes sus conquistas, debidas a la fuerza o la astucia. Los buenos burgueses que en Francia piden respeto a la propiedad, son los mismos que aclaman la disposición de las razas indígenas en el Tonkin[85] y en Túnez[86]. ¿Quié-

---

[84] Este es el año de la invasión francesa de Argelia que daría fin a la *Regencia de Argel*, provincia del Imperio Otomano con un elevado grado de autonomía. En 1827, Hussein Dey, el gobernante otomano de Argelia exigió a Francia el pago de la deuda contraída por las tropas napoleónicas en 1799, durante la campaña de Egipto. Esta reclamación generó tensión diplomática y una serie de incidentes, empleados como excusa por los franceses para la invasión. El dominio francés sobre Argelia se prolongaría más de un siglo, hasta la independencia del país en 1962.

[85] Tonkín (o Tonquín) fue un protectorado francés en el sudeste asiático, cuyo territorio abarcó la mayor parte del norte del actual Vietnam. Francia se apodera de la región en 1884, tras la guerra franco-china, y junto con otros territorios próximos bajo dominio

nes son los ladrones, los que habiendo acaparado —pacífi-
camente o no, poco importa— la tierra y sus riquezas pretenden condenar a la indigencia al resto de sus semejantes,
o los que negando todo privilegio y todo derecho hereditario quieren dar su dominio a la humanidad entera?

No obstante, si los anarquistas proclaman la universalización del suelo, se muestran relativamente moderados en
la práctica. Teniendo en cuenta el amor que profesa a su
pedazo de terreno el mismo que lo cultiva, quieren arrancar la tierra a los grandes acaparadores para hacer una
propiedad común, en la que poco a poco se fundirán las
parcelas de los pequeños propietarios. «Cuando éstos vean
—dicen con razón los anarquistas— la superioridad del
cultivo realizado con las grandes máquinas modernas sobre los instrumentos primitivos, arrancarán los árboles,
arrasarán los muros, llenarán los surcos para unir su parte
a la propiedad común» Esta manera de proceder es más
lógica que el sistema autoritario, que, expropiando indife-
rentemente a grandes y pequeños poseedores, provocaría

---

galo, conformará en 1887 la Indochina francesa. El dominio colonial francés sobre Tonkín se mantuvo hasta 1954, cuando alcanza
la independencia dentro de la República Democrática de Vietnam.

[86] Túnez fue ocupado por el ejército francés en 1881, y tras la firma del tratado de Kasser Said en ese mismo año, pasa a convertirse en protectorado francés. El poder colonial francés sobre
Túnez continuó hasta 1956, cuando el país alcanza la independencia.

terribles revueltas[87].

El pequeño cultivo —se ha dicho— estimula la actividad del campesino, que se ve obligado a multiplicarse para encontrar en una reducida parcela medios suficientes para vivir. Sí, pero esto mata al hombre y agota la tierra, exigiendo al mismo campo los más variados productos. Los terrenos en Francia han perdido su antigua fertilidad, las poblaciones rurales sufren el consiguiente abatimiento por este estado de miseria, y buscando mejorar las condiciones de su vida emigran a las ciudades. La continuación del régimen económico general nos conducirá rectamente a la bancarrota y al hambre. En una sociedad comunista, al contrario. Basada, no sobre la explotación, sino sobre la solidaridad, los habitantes de países empobrecidos podrán abandonar el suelo para que repose y alimentarse de las cosechas de otras regiones.

La organización social que sufrimos conduce por todas partes a la expropiación de las masas, a la hegemonía de una casta. De día en día se reduce el número de poseedores y se reproduce en el orden económico el mismo fenómeno que se realizó otra vez en el orden político. Una aristocracia vino a constituirse después de graves conmociones, pero los señores fueron luchando y eliminándose recíprocamente, hasta el punto de no ser más que algunos dominados y absorbidos por un señor más poderoso: el rey. Y cuando el rey fue solo se le cortó la cabeza. Esto fue

---

[87] Es justo hacer constar que muchos socialistas autoritarios han modificado sus miras a este punto. (N. del A., 1897)

lo que ocurrió a Luis XVI y lo que les ocurrirá —más o menos figuradamente— a esos reyes modernos que se llaman Rothschild[88], Bleichrœder[89], Gould[90], Mackay[91], Vanderbilt[92].

La tierra, y así como la tierra todos los capitales, van siendo de día en día patrimonio de menos número de poseedores. En Francia, si en algunos apartados rincones sin comunicación ha aumentado el número de pequeños

---

[88] Cf. nota 70.

[89] Gerson von Bleichröder (1822-1893), banquero alemán de la «Bankhaus Bleichröder», entidad que llegó a actuar como filial prusiana de la banca Rothschild, y que tuvo gran importancia en la financiación de las guerras sostenidas por Prusia y el Imperio Alemán. Amigo personal de Otto von Bismarck, este llegó a otorgarle un título nobiliario, siendo Bleichröder el primer noble de Prusia con origen judío.

[90] Jason "Jay" Gould (1836-1892), importante financiero y empresario norteamericano, propietario de varias compañías de ferrocarriles, telégrafos, la Western Union, etc. Se le atribuye la frase: «Podría contratar a la mitad de la clase obrera para que matase a la otra mitad».

[91] Æneas Mackay (1838-1909), político holandés antirrevolucionario y cristiano, miembro de la nobleza de los Países Bajos. Llegó a ser Primer Ministro de Holanda de 1888 a 1891.

[92] Cornelius Vanderbilt (1794-1877), empresario estadounidense, magnate del transporte en ferrocarril y barco, con intereses también en compañías telegráficas y otros negocios. Considerado el patriarca de la familia Vanderbilt, en los negocios rivalizó con el ya citado Jay Gould (cf. nota 90).

propietarios, en la mayoría de los demás departamentos, completamente *industrializados*, la tierra pertenece a las empresas o a un reducido número de capitalistas. Esto se deduce fácilmente del estudio del catastro, que da, no el número de propietarios, sino el de las propiedades. Ahora bien; a un individuo o a una sociedad, poseyendo muchos dominios, bien sea en una sola región, bien en regiones diferentes, les conviene reducir singularmente el número de propietarios. Según los cálculos más serios, puede Aregurarse que entre un millón de individuos sólo cien mil poseen las dos quintas partes del territorio.

En Italia y en España la situación de los pequeños agricultores, agobiados de impuestos, sangrados por el fisco, es espantosa.

Irlanda se revuelve bajo el pie del *land-lord*.

En América la nacionalización de la tierra es el grito de un partido numerosísimo. Chirac[93] afirmaba en 1885, que en el espacio de cinco años, veintinueve individuos o grupos de capitalistas han acaparado cerca de veintiún millones de acres de tierra arable americana, que representa un valor de seis a ocho mil millones.

Por lo que respecta a las minas, la explotación es todavía más espantosa. ¡Qué contraste entre los desgraciados que trabajan por un salario de 3'50 francos[94] a seiscientos

---

[93] Auguste Chirac (1838-1903), escritor y autor dramático francés. Socialista proudhoniano en lo político, trabajó como periodista.

[94] Es el precio medio del salario de un minero. (N. del A.)

pies bajo tierra, en las tinieblas, con una linterna por sol, y los ociosos accionistas que, gracias a los asalariados, contemplan cómo se duplica, triplica o cuadruplica el valor de sus cupones! Un fajo de papeles que han pasado de mano en mano, da al primer capitalista la propiedad del subsuelo y de los que lo cavan, de su libertad, de sus músculos y de su sudor. ¡Y este rebaño, obligado a trabajar hasta el límite de las fuerzas humanas para no morirse de hambre, ignorando la riqueza de lo que produce, ni aun conoce el nombre de sus amos!

Sin haber envejecido leyendo gruesos volúmenes, manuales de los economistas, ¿no es una idea muy sencilla pensar que estas riquezas increadas, preexistentes a la humanidad, suelo y subsuelo, no pueden ser el patrimonio de unos pocos, como no pueden serlo el océano, el aire y la luz del sol?

En cuanto a las riquezas creadas por el hombre, hoy tan abundantes, que todos podrían, sin temor disfrutarlas[95], ¿si hubieran de tener una clase de poseedores *inmediatos*,

---

[95] La estadística oficial demuestra que existen cerca de tres veces más productos manufacturados y dos veces y media más productos agrícolas de los que se consumen. La estadística es la que ha cortado la querella entre comunistas y colectivistas. Por otra parte, aun no concediendo a las indicaciones de la estadística más que un valor aproximado, es innegable que, más aun que la abundancia de los productos, existe la capacidad casi ilimitada de producción. Por prolífica que sea la raza humana, todos sus hijos tendrán asegurada la subsistencia y el bienestar material. (N. del A.)

no sería ésta la clase de productores?

La máquina —y esta palabra se extiende a sus más diversas propiedades, desde el buque hasta el arado— no puede, mientras provea de útil producción a la humanidad entera, ser el monopolio de algunos individuos. Sin embargo, sería aventurado creer que será la propiedad inmediata de todos. Con sus complicadísimas combinaciones de difícil manejo no podrían, sin grandes peligros o desventajas, dejarse a la disposición del que primero llegara. Las máquinas parece que deben ser, por lo menos en los comienzos de la próxima transformación económica, propiedad no individual, ni absolutamente común, sino colectiva, perteneciendo a los grupos que las harán funcionar.

Lo mismo que el campo, la mina o los útiles, la *idea* es un capital —el más importante de todos— que debe ser universalizado en provecho de la masa. Instrucción, invenciones, descubrimientos, todo esto tiene un fin social y resume el trabajo colectivo de los contemporáneos y de la generaciones precedentes. Los Pascal, descubriendo esta serie de teoremas de geometría, sin haber recibido de un maestro los necesarios estudios elementales de esta ciencia forman una excepción, y todavía sin el auxilio de otros, sus descubrimientos no pueden tener ninguna aplicación. Las más audaces concepciones de esos genios llamados Copérnico, Kepler, Galileo, Newton, Laplace, se basan sobre trabajos algunas veces brillantísimos, frecuentemente modestos, de una muchedumbre de otros hombres que les precedieron. ¿Qué sería la locomotora sin el forjador, el fundidor, el minero, el fogonero, el mecánico? Los ingenieros que construyen puentes y abren istmos, ¿habrían llegado a concebir y ejecutar esas obras gigantescas cuya gloria disfrutan ellos solos, sin el concurso del cantero, del albañil, del carpintero, de todos los obscuros obreros manuales y sin el maestro que les enseñó antes la Geometría y el Álgebra?

La propiedad intelectual, que hay necesidad de defender con encarnizamiento, en un ambiente de monopolio y explotación donde el pobre de ingenio está a merced del rico ignorante, no tiene ya razón de existir en una sociedad comunista-anarquista, pues caerá inmediatamente bajo el dominio público. Los inventores, hasta ahora engañados, burlados y explotados por los capitalistas, no perderán nada. Gozarán la alegría de ver realizadas sus iniciativas y utilizados sus esfuerzos; asistirán con un legítimo orgullo al desenvolvimiento de su obra, los mismos que en nuestros días son quizá pospuestos por los celos de unos y el rutinarismo de otros. La universalización de la propiedad intelectual no impedirá la admiración hacia el genio, admiración necesaria para estimular las iniciativas, y mucho más legítimas por cuanto en una sociedad en que todo el bienestar posible estará al alcance de todos, este sentimiento no creará a unos pocos una situación privilegiada. La armonía social, por otra parte, no podrá ser turbada por la eterna causa de ambiciones, de conflictos y de crímenes: el oro.

El numerario, bajo todas sus formas; moneda, billetes, cheques, efectos comerciales, etcétera, no tiene más que un valor representativo; no es más que un instrumento de producción. En una sociedad abundante de productos puestos al alcance de todos, el dinero será una cosa inútil, porque las condiciones del cambio se habrán modificado profundamente. Verdaderamente no es ya el cambio —excepto en algunos pueblos que vivan bajo un régimen económico diferente—, es una circulación no interrumpida, producción y consumo, reglamentada por la necesidad y convenientemente precisada en la estadística. Sin dinero, sin bonos de trabajo, los miembros de la sociedad, a la vez productores y consumidores, adquieren libremente lo que necesitan, sabiendo perfectamente que la producción será siempre superior al consumo. El numerario, despreciado durante la violenta crisis que precederá al establecimiento de una sociedad comunista en la que cada cual tomará según sus necesidades, inutilizado al día siguiente de la revolución, no es, pues, un capital socializable. Querer sostener su valor ficticio sería provocar, más o menos tarde, el restablecimiento del salario y de la desigualdad actual.

En efecto, nada impediría que los más económicos o los más aptos para el trabajo, transmitieran a sus hijos (secretamente, si estaba la herencia suprimida) el dinero que hubieran adquirido legítimamente por la retribución de su concurso en la producción, mientras que los hijos de un enfermo o de un holgazán, no poseyendo nada, se convertirían en criados de los primeros para ganar con qué satisfacer sus necesidades o sus caprichos. Al final de muchas generaciones, la explotación capitalista habría reaparecido con todas sus consecuencias. Tal sistema no es compatible con el comunismo. Si los instrumentos de producción y la riqueza social son de todos, no hay necesidad de numerario.

La pequeña propiedad que, aplastada fatalmente por la grande, engendra la miseria material, produce como corolario la miseria moral. Que se estudien las costumbres de los pequeños patronos, de los pequeños comerciantes, de los tenderos y se encontrará casi en todos el relajamiento moral, la sórdida concupiscencia, la desconfianza, el egoísmo más brutal; y todo esto se concibe: son esclavos de su situación. Reducidos por sus poderosos competidores a una lucha imposible, no tienen más que una finalidad; despojar a los que caen entre sus manos y explotar sin piedad a los desdichados. Faltos de todo sentimiento por el odio a la competencia extranjera, reclaman con pasión el exterminio de los pueblos. Reaccionarios recalcitrantes, sostienen el gobierno, sea el que fuere: Luis Felipe[96], Napoleón III[97] o la república[98]. Estas gentes, refluidas poco

_____

[96] Luis Felipe I (1773-1850), último rey de Francia con este título. Su reinado abarcó el periodo entre las revoluciones burguesas de 1830 (cuando Carlos X se ve obligado a exiliarse y se nombra a Luis Felipe nuevo rey) y de 1848 (que provoca la abdicación del rey y da paso a la Segunda República Francesa), periodo conocido como «monarquía de julio».

[97] Napoleón III Bonaparte (1808-1873), fue el único presidente de la Segunda República Francesa, entre 1848 y 1852, y posteriormente proclamado, tras un golpe de estado, «emperador de los franceses» (Segundo Imperio Francés) entre 1852 y 1870; fue el

a poco en el proletariado, son los más temibles enemigos del socialismo. En el momento de la revolución morderán más que los habituados a la miseria; no tendrán otro estímulo que el deseo de reconquistar un bienestar general[99]; pero entonces será necesario desconfiar, salirles al paso, porque fundamentalmente enemigos del comunismo, no tendrán más que un solo pensamiento: derribar a los grandes propietarios y los grandes industriales, no en provecho de todos, sino para sustituirlos.

Por todas partes está escrita con lágrimas y con sangre la historia de la propiedad. Verdadero monstruo, no se limita a los objetos inanimados, sino que comprende a los seres razonables, pensantes y sufrientes. La esclavitud, el servilismo, el derecho de muerte de los patriarcas y jefes de familia latinos sobre sus hijos, fueron formas de la propiedad. Y si el código francés, inspirado en el derecho romano, declara menor a la mujer subordinándola al marido, *debiéndole obediencia*, no hace más que sancionar la pose-

---

último monarca del país galo. En la guerra franco-prusiana de 1870 cayó preso de las tropas de Otto von Bismarck en la batalla de Sedán, y dos días después fue depuesto por las fuerzas de la naciente Tercera República; murió en el exilio.

[98] La Tercera República Francesa, que sucede en el tiempo al Segundo Imperio de Napoleón III.

[99] Los que hicieron temblar a Roma con Espartaco no eran esclavos acostumbrados a la servidumbre desde su nacimiento, sino prisioneros bárbaros privados recientemente de su libertad y muy decididos a reconquistarla. (N. del A.)

sión del ser débil por el fuerte.

En resumen: después de haberse modificado hasta lo infinito, por el transcurso de los siglos y según los medios, la propiedad, en su forma presente, el acaparamiento individual, no responde ya a las necesidades sociales, a las aspiraciones de las masas. Tres formas se dibujan y parecen destinadas a prevalecer al día siguiente de la revolución social.

— La propiedad común o universal, extendiéndose a las fuentes naturales de producción (tierra, minas, aguas), y comprendiendo el *capital idea* (instrucción, inventos, descubrimientos).

— La propiedad colectiva, abrazando la posesión de los instrumentos industriales para las agrupaciones obreras.

— La propiedad individual, afecta a los objetos de uso personal[100].

Es evidente que si la justicia y el interés público reclaman que las fuentes de riqueza estén a disposición de la sociedad entera, existe una especie de propiedad privada

---

[100] A este género de propiedad pertenece la de los objetos a los cuales va unido un recuerdo de familia o de amistad. Esta propiedad es la sola cuya transmisión puede sostenerse razonablemente, y en 1869 el Congreso de Basilea de la Asociación Internacional de los Trabajadores, decretó la abolición de la herencia bajo todas sus formas, excepto la forma sentimental. (N. del A.)

que conviene respetar en absoluto, so pena de desconocer toda libertad y provocar conflictos, y ésta es la propiedad de las cosas que sirven al individuo para sus necesidades particulares. Arrebatar el pan o el traje a alguien, sería un acto inconcebible, tanto más cuanto que ni pan ni ropas faltarán en los almacenes generales en los que los consumidores encontrarán la satisfacción de sus necesidades.

El comunismo comenzará sencillamente por la socialización de los medios de producción; entrando poco a poco en las costumbres, multiplicará la circulación de los productos, pasando de mano en mano, hasta el punto de que la propiedad individual llegará a estar, en cierto modo, por todas partes y en ninguna parte.

V
PRODUCCIÓN – CONSUMO – CAMBIO

El comunismo-anarquista, generalizando la riqueza, entraña la supresión del dinero haciéndolo inútil. El numerario, fuente inagotable de desigualdades, no tendrá razón de ser, porque todos los miembros de la sociedad, concurriendo a la producción, podrán con este título alcanzar cuanto les sea necesario en los almacenes generales, en los que se acumularán los productos de la naturaleza y de la industria.

Todos los comunistas han adoptado la idea de estos establecimientos, muy parecidos a nuestros grandes bazares. Los autoritarios los conciben funcionando bajo la tutela del Estado con una administración muy complicada, entregando los productos a cambio de bonos de trabajo. Los anarquistas, partidarios de la producción según las fuerzas del individuo y del consumo según sus necesidades[101],

---

[101] La fórmula *producir según sus fuerzas y consumir según sus necesidades*, de la que se sirven los comunistas-anarquistas, no refleja exactamente su pensamiento. Si quieren asegurar al hombre toda su autonomía, deben dejarle en libertad para que trabaje, no según su *poder*, sino según su *deseo*. Por otra parte, como la socialización de los útiles nos conducirá lógicamente a la reducción de horas de trabajo, al mismo tiempo que experimentará la producción un enorme crecimiento, poco importará que tal día un individuo abandone su tarea si vuelve al otro día o a los días siguientes. Además, ¿cómo se podrán determinar exactamente

preconizan que los trabajadores tomen con tasa lo que les sea necesario; los bonos de trabajo, lo mismo que el dinero, quedarán suprimidos; sin embargo, es indispensable una contabilidad muy sencilla, es verdad, para estar al corriente de la producción y de las necesidades del consumo. Ciertamente sería muy cándido imaginarse que el valor convencional del numerario podrá ser anulado *ex abrupto* por decreto de un gobierno o por decisión de una parte del pueblo. El dinero se *extinguirá* poco a poco a medida que aumente la producción; desaparecerá porque no será útil a nadie siendo de todos: será para los productos de todas clases, como esos frutos de las regiones tropicales, tan abundantes, que los habitantes los regalan en lugar de venderlos.

Sin embargo, no sería menos cándido imaginarse que el comunismo se establecerá idénticamente en todas partes al día siguiente de la revolución social. La forma económica se determinará sobre todo por el espíritu y las costumbres de los pueblos. Los latinos serán arrastrados rápidamente por la corriente libertaria; los alemanes se detendrán un lapso de tiempo muy largo en el colectivismo; no cabe duda que esta diferencia de organización contribuirá a retardar la fusión completa de las razas.

---

las fuerzas y necesidades de cada uno? Lo mejor será confiarse a los mismos individuos, quienes, ciertamente, no abandonarán la labor porque trabajarán para ellos y no para parásitos, y no acapararán más productos de los que necesiten si tienen la seguridad de encontrar al día siguiente. (N. del A.)

Es evidente que las naciones, viviendo bajo formas sociales sensiblemente distintas, tendrán que adoptar procedimientos convencionales para reglamentar el cambio de sus productos. En una palabra, el comunismo podrá existir entre grupos o municipios de una misma región, pero será el colectivismo o el comunismo reglamentario y restringido el que al principio regulará las relaciones de las naciones entre sí.

La diversidad de productos en los distintos países contribuirá por mucho a este estado de cosas: antes de procurar a las necesidades de pueblos muy alejados, se asegurará la satisfacción de las necesidades locales. La India y los Estados Unidos no podrán exportar sus algodones, Rusia sus trigos, Francia sus vinos, sin tener en cuenta las indicaciones de la estadística. Sin embargo, este estado será de breve duración; la socialización de las fuerzas productoras dará un vuelo prodigioso a todas las ramas de la actividad humana. Trabajando directamente por su cuenta, los hombres se esforzarán por aumentar su bienestar, los inventos y los perfeccionamientos se multiplicarán, mientras que el empleo de las máquinas, suprimiendo de día en día la fatiga muscular, convertirá el trabajo en una simple vigilancia o en un agradable ejercicio.

Los socialistas autoritarios que sacrifican la libertad del individuo a la regularidad del engranaje social, sueñan en transformar todas las ramas de la actividad humana en *servicios públicos*, funcionando bajo la tutela del gobierno; servicios públicos: la higiene, la enseñanza, los correos, caminos y canales, la farmacia, la perfumería, el telégrafo, la panadería, la carnicería, la imprenta, el amueblamiento, etc.

El más grande inconveniente de este sistema es que creará un innumerable ejército de funcionarios que recibirán su impulsión de un solo motor, el cual poseerá un poder formidable. Este motor-Estado, regulando la producción y el consumo, uniendo el poder económico al poder político, unificando poco a poco la vida de todos los miembros del cuerpo social, acabará por absorber toda iniciativa privada, por aniquilar toda libertad, será el comunismo de cuartel, trasformando en autómatas a los productores consumidores. Y, sin embrago, la regularidad de los servicios públicos sería aun más aparente que real.

El Estado, este amo ciego porque es demasiado poderoso, sería como hoy omnisciente: en fuerza de dirigir todos los servicios acabaría por abandonarlos y enredarlos; quien mucho abarca poco aprieta. Una multitud de intereses locales más o menos alejados, permanecerían olvidados y desconocidos.

Por el contrario, dejando a las diferentes agrupaciones desarrollarse y obrar según su especialidad, se llegaría, después de vencidas las dificultades inherentes a toda obra que comienza, a un funcionamiento mucho más rápido. ¿Las obras emprendidas actualmente por empresas particulares no se ejecutan tan bien como las que el Estado administra, y no se ejecutarán mucho mejor cuando haya concordancia de intereses y perfecta igualdad entre los miembros de la asociación? ¿Se cesará de levantar puentes, perforar túneles, abrir istmos, cuando los forjadores, los carpinteros, los albañiles y los mecánicos encuentren las mismas ventajas que los ingenieros, beneficiándose directamente de su tarea, así como los otros miembros del cuerpo social, en lugar de enriquecer, mediante salarios escandalosamente desiguales, a ociosos accionistas? La ausencia de esta jerarquía inherente a todas las administraciones del Estado es, por el contrario, un estímulo para desarrollar el espíritu de iniciativa que tanto se esfuerzan en aniquilar en las oficinas los jefes, subjefes, registradores, inspectores, altos empleados, etc.; pequeños autócratas para los cuales la rutina y la *forma* son el todo.

Otros socialistas autoritarios vergonzosos, no atreviéndose a preconizar abiertamente la conservación de la máquina gubernamental, declaran que en la sociedad futura el poder pertenecerá solamente a las comisiones técnicas y de estadística, regulando la producción, el consumo y el cambio, un gobierno anodino, casi nulo, si se les escucha. En realidad, estas comisiones, rigiendo las agrupaciones obreras en vez de funcionar a título de organismos consultivos, serán dueñas de un formidable poder. Sería resucitar el patronato con mayor bienestar, pero con una suma más grande de esclavitud; la sujeción moral sería permanente: el obrero que hoy puede abandonar el amo, no sabría en esta nueva sociedad sustraerse un instante a la autoridad del patrono Estado. El Estado, sea cual fuera su forma, sea cual fuere su nombre, es siempre una institución fundada sobre la dependencia de la masa a la voluntad de una minoría.

¿Es esto decir que la producción deberá ser absolutamente irregular, desordenada, convirtiéndose el consumo en despilfarro y realizándose el cambio con los pueblos que viven bajo un régimen económico diferente, al azar, sin método? Si este grave error adquiriera crédito, daría lugar a grandes decepciones. Los anarquistas no niegan de ningún modo la necesidad de la estadística; lo que no quieren es que ésta sirva de pretexto para la instauración de un poder disfrazado.

Abolición del gobierno no quiere decir desorganización, aislamiento del individuo. Es preciso no confundir la autoridad con la organización[102]; es verdad que ciertos anarquistas, por odio o por miedo a la autoridad, han llegado a negar toda organización, diciendo, no sin verosimilitud, que no es siempre fácil determinar dónde acaba la organización y dónde comienza la autoridad. Pero esto es llevar las cosas a un extremo peligroso: la organización es la condición indispensable de todo desenvolvimiento, de todo progreso, siendo sólo necesario que en vez de reposar sobre la autoridad de uno o de algunos, se base sobre el acuerdo mutuo, de modo que se deje a cada uno la mayor libertad posible. Las sociedades, las corporaciones, que se multiplican de día en día y que, sin la gerencia del Estado, o a pesar de ella viven con vida propia, nos ofrecen de un modo rudimentario la imagen de lo que será la sociedad del mañana.

---

[102] Así como la organización impuesta por un individuo o una casta es aborrecible, así la organización elaborada y admitida por todos es justa, lógica y necesaria. (N. del A.)

El hombre es, sobre todo, un ser sociable, y el espíritu de asociación, desarrollado de un modo increíble desde los comienzos del siglo XIX, acabará con ese poder central que se introduce hasta en los actos de nuestra vida privada, nos espía, nos amordaza y nos veja, y que hoy une a lo odioso del autoritarismo lo ridículo de la caducidad.

El temor de ver al hombre, dueño de tomar cuanto necesite para su existencia, condenándose al aislamiento, a lo paria, para no aportar su parte de trabajo a la sociedad, es muy exagerado. Por otra parte, lo que es posible en un individuo aislado, no lo es en las asociaciones en que existe el examen, el espíritu de asociación.

En resumen: autonomía del hombre en el seno de la agrupación; autonomía de la agrupación en el seno del municipio[103], ciudad o capital; autonomía de los municipios, federándose por regiones, según las necesidades de la producción y del consumo; unión de los pueblos que, aproximados por naturales afinidades, llegarán progresivamente a fundirse en la única patria humana: he aquí el ideal social de los anarquistas.

---

[103] Se trata, no del municipio político aplastado por el Estado o gobernado despóticamente por un Consejo municipal. El municipio comunista, del que nosotros hablamos, es el conjunto de las agrupaciones existentes sobre una cierta proporción de territorios: este será un organismo social intermediario entre la agrupación y la federación regional. (N. del A.)

VI
LAS PASIONES

En una ciudad libre, viviendo sin amos y sin leyes, borrados los prejuicios, en una palabra, asegurando al individuo la mayor suma de independencia, los más grandes peligros serían, al decir de algunos, las rupturas de equilibrio moral, llamadas pasiones. Un gran número de socialistas autoritarios ven en esto el escollo de la anarquía.

Examinemos el argumento, merece la pena.

Es un *cliché* viejo puesto a la moda por el cristianismo y adoptado por la hipocresía burguesa, declamar contra el fuego de las viles pasiones que arrastran al hombre, haciéndole perder al mismo tiempo que la sabiduría — ¡esa dulce sabiduría que consiste en obedecer y resignarse! — la tranquilidad y la dicha. Sí, las pasiones perturban la vida, engendran desdichas y, sin embargo, son el más poderoso elemento de progreso. Todo mejoramiento social procede de una lucha contra el pasado, y esta lucha jamás la han sostenido aquellos cuyos sentidos perfectamente equilibrados se acomodan sin resistencia al medio en que viven. Estos son los seres sensatos para quienes este es el mejor de los mundos posibles. Intentar la modificación de las ideas heredadas a las instituciones establecidas, es para ellos obra de locos ¡Locos Sócrates, Cayo y Tiberio Graco[104],

---

[104] Cayo (154-121 a. C.) y Tiberio (164-133 a. C.) Sempronio Graco, hermanos y notables políticos populares romanos, pertenecientes

Wiclef[105], Colón, Marat[106], Cloots[107], Babeuf, Fulton[108], Blanqui, Garibaldi[109], Darwin, Reclus, Louise Michel! ¿Quiénes son entonces los sabios? Sin embargo, transcurren los años, y gracias al empuje de estos locos, la vida social ha mejorado, el círculo de los descubrimientos y de los dominios se ha agrandado, y el burgués, luchando encarnizadamente contra los innovadores de su época, erige estatuas a quienes hubiera hecho quemar vivos si hubieran vivido en su tiempo.

La pasión por la libertad hizo a los griegos vencedores de Asia; la pasión del odio creó un Aníbal; la pasión por

---

a una de las familias más poderosas de Roma, los Graco.

[105] John Wyclif [Juan Wiclef en español] (ca. 1320-1384), teólogo, reformador y traductor inglés, fundador del movimiento de los «lolardos». En cierto modo es antecesor de los husitas y del protestantismo, siendo así mismo autor de la primera traducción de la Biblia latina a una lengua vernácula, el inglés, en 1382.

[106] Jean-Paul Marat (1743-1793), científico y médico francés, más conocido por su papel de activista y político durante la Revolución Francesa, participando del ala izquierdista, los jacobinos.

[107] Jean-Baptiste du Val-de-Grâce, conocido como Anacharsis Cloots (1755-1794), nacido prusiano y nacionalizado francés, fue un político jacobino durante la Revolución Francesa.

[108] Robert Fulton (1765-1815), inventor e ingeniero estadounidense. Desarrolló el primer barco a vapor que se empleara en usos comerciales y de transporte de pasajeros.

[109] Giuseppe Garibaldi (1807-1882), militar y político italiano, uno de los principales artífices de la unificación de Italia.

las aventuras creó a Hernán Cortes, Pizarro, Magallanes, Cook, toda esa serie de conquistadores y grandes navegantes; la pasión de la ciencia hizo a Galileo; la pasión del amor inspiró a Dante, a Petrarca, a Tasso[110] y Musset[111]; la pasión de la justicia creó a John Brown[112], muriendo por la emancipación de los negros.

¿Conoce verdaderamente la existencia el que jamás ha sentido batir sus arterias, dilatarse su corazón, agrandarse su vida ante la idea de conquistar a una mujer, de aplastar a un opresor, de desafiar un peligro, de arrancar un secreto a la naturaleza o la ciencia? Este ser amorfo, áfono, viscoso, frío, sin experimentar más que blandas sensaciones, trazando durante toda su vida una línea recta ¿es verdaderamente un hombre? Tres palabras bastan para desnudar a un burgués: cobardía, egoísmo, hipocresía; una sola para vestirlo: advenedizo. Mientras existan papanatas atacarán con su odio de pigmeos a los que sienten grandes pasiones, grandes ideales que turban su reposo y hacen bajar los cambios.

¿A quién se dirigen el orador, el general, el tribuno, el artista? A la pasión.

---

[110] Torquato Tasso (1544-1595), poeta italiano, autor del extenso poema épico «Jerusalén liberada».

[111] Alfred de Musset (1810-1857), escritor y dramaturgo francés del romanticismo.

[112] John Brown (1800-1859), abolicionista estadounidense. Murió ejecutado tras ser capturado en el asalto al arsenal federal de Harpers Ferry, en los años previos a la Guerra de Secesión.

Suprimid este gran motor y la humanidad se hundirá en las tinieblas.

Las pasiones son, pues, por ellas mismas, una cosa noble y útil; si en la sociedad actual conducen al hombre a extravíos monstruosos algunas veces, es porque, contrariadas a cada instante en su vuelo por convencionalismos y reglamentaciones antinaturales, se falsean y se depravan. En una sociedad basada sobre la libertad individual, la igualdad social y la armonía de los intereses, no ocurrirá así. ¿Quién puede afirmar que Pranzini[113] en otro medio no hubiera sido un hombre muy útil poniendo al servicio de todos sus notables facultades de asimilación? Cartouche y Mandrin[114], sin el oro que los seducía y las leyes que dando las funciones al azar del nacimiento inutilizaban los talentos, ¿no hubiese sido los Hoche[115] y los Garibaldi de su época? Arrojad a Washington[116] entre un pueblo envejecido, bastardeado por el bizantinismo parlamentario y los prejuicios, y tendréis a un Boulanger[117]. Una sociedad en la

---

[113] Enrique Pranzini, criminal francés acusado de la muerte de tres mujeres en París; fue ajusticiado en 1887.

[114] Famosos jefes bandoleros. (N. del A.)

[115] Lazare Hoche (1768-1797), militar francés, general de la Primera República.

[116] George Washington (1732-1799), comandante revolucionario durante la Guerra de Independencia de los Estados Unidos, y primer presidente del país, entre 1789 y 1797.

[117] Cf. nota 2.

que el oro no existe y en la que todo es de todos, suprime la avaricia. Una sociedad en la que todos son libres e iguales, suprime, o por los menos atenúa mucho, las rivalidades y el orgullo. La cólera, más noble ciertamente que la resignación cristiana, no tendrá que emplearse sublevando a los oprimidos contra los tiranos; el deseo de luchar se convertirá en una actividad puesta al servicio del bienestar general.

La caída del régimen económico y de las caducas instituciones que subsisten actualmente en los pueblos de Europa y América, realizará toda una transformación en el orden psicológico.

Existe, sin embargo, un sentimiento que, más intenso que los otros, es menos susceptible de quebrantarse por las modificaciones sociales. Este sentimiento, al que debemos nuestras más grandes alegrías y nuestros más grandes dolores, es el amor, o por mejor decir, la codicia sexual —el amor, aun bajo su forma menos brutal, no es más que el refinamiento de una necesidad fisiológica.

Verdaderamente, la libertad absoluta de las uniones es una poderosa causa de armonía. ¡Qué de desesperaciones, qué de crímenes evitados! Pero la disputa de una misma mujer por dos o más rivales es un caso a prever, pues la preferencia dada por ella a cualquiera de sus enamorados puede, en una sociedad anarquista como en una sociedad burguesa, causar graves conflictos. ¿Serán estos conflictos más peligrosos para el cuerpo social cuando no existan leyes y jueces para castigarlos? No, porque no serán más que casos aislados, lamentables sin duda, pero que todas las leyes y todos los jueces del mundo no sabrían prevenir. ¿Actualmente los códigos y los gendarmes pueden impedir que un celoso se vengue de una mujer infiel? De ningún modo. A lo sumo determinarán en él el empleo de precauciones para burlar el castigo legal, pero no por esto el acto habrá dejado de cometerse.

Mejor es prevenir que castigar: el verdadero remedio consiste en una educación basada sobre el respeto a la libertad individual. La educación y el medio hacen al hombre; la historia entera es la mejor prueba. Si la educación cristiana ha hecho soportar durante once siglos a cien millones de hombres el yugo de la Edad Media, la educación anarquista sabrá sin curas, sin jueces, sin gendarmes, hacer que reine la verdadera armonía social.

VII
JUSTICIA Y RESPONSABILIDAD

Dos fuerzas frecuentemente antagónicas obran sobre el hombre: una, la hereditaria, tiende a inmovilizarle en el pasado; otra, la influencia del medio, se adapta a nuevas y cambiantes formas.

¡Ciego está quien desconozca el peso del atavismo! ¿No nos sorprendemos a cada instante reproduciendo involuntariamente tal gesto o tal actitud de nuestros padres sin haber pretendido jamás imitarlos? ¿Tal niño no resulta el retrato sorprendente de un lejano antepasado? Finalmente, en los países poblados por habitantes de distintos colores, ¿no ocurre que una mujer blanca, casada con un cuarterón, por ejemplo, da vida a un niño negro, reproduciendo el tipo de algún antepasado paterno? Citamos este ejemplo de regresión atávica porque es el más sorprendente.

La embriología nos demuestra que el ser humano, durante el curso de sus nueve meses de vida intrauterina, presenta sucesivamente todas las formas de las especies animales de las que, por un largo proceso, se ha desprendido nuestra raza. El espermatozoide se convierte en gusano, en pescado, en renacuajo, en cuadrúpedo, en mamífero y, finalmente, en hijo del hombre.

Una vez nacido a la vida terrestre, la evolución insensiblemente se prosigue, pero contrariada o acelerada por las condiciones ambientales y la fuerza de resistencia o de adaptación de los individuos. Cuando el ambiente es favorable, llegan a despojarse de antepasadas groserías y a aparecer en un medio de seres más abrupto, como los precursores de un tipo humano más altamente cerebralizado que el tipo actual. Otros por el contrario, sufren un estancamiento en su desarrollo o una regresión. Desprovistos de armas o de fuerzas para luchar contra un medio deletéreo, regresan a la bestia primitiva hasta el extremo de que parece que van a rugir y a caminar a cuatro patas.

¡Cuántos también, bajo el aspecto humano más refinado y engañoso, han permanecido como verdaderos brutos!

El hombre no ha nacido bueno, como lo afirman, a despecho de toda demostración, algunos optimistas. Aunque descendiente de seres primitivos, no es por esto tampoco esencialmente malo. Es, por encima de todo, modificable.

Por consecuencia, las represiones draconianas no sólo son impotentes para moralizar, sino que no tienen razón de ser.

Los espiritualistas pierden el tiempo predicando la independencia del alma y el libre albedrío. Las personas sensatas se encogen de hombros. ¿Qué significa esta alma independiente que balbucea en el niño, tiene su fuerza en el adulto y se extingue en el viejo? ¿Qué significa ese libre albedrío que una enfermedad puede vencer, que un vaso de vino puede hacer divagar y que una taza de café exalta?

Como se ha dicho con gran acierto, la creencia en el libre albedrío no es más que la ignorancia de las causas primeras que nos hacen obrar.

Un hombre encuentra en un lugar aislado a un niño indefenso; se arroja sobre él y lo mata. No considerando más que la atrocidad del hecho, doce jurados, padres de familia, envían al hombre al patíbulo o al presidio.

Está admitido que el tigre mate, por razón de su estructura fisiológica que le condena a comer carne en vez de vegetales, y de la estructura de su cerebro, deprimido en la faz y abultado en las sienes y el occipucio.

Se admite que el tiburón, armado de formidables mandíbulas y dotado de un robusto estómago, tenga diferentes instintos que los del inofensivo delfín.

¡Y esta fatalidad, admitida para los animales, se le niega al hombre!

No hay medio: el azar o la fatalidad en su verdadero sentido; es decir, el encadenamiento lógico de las cosas.

El universo forma un todo, cuyas partes obran unas sobre otras; el menor movimiento atómico tiene su repercusión en el infinito.

Sobre las elevadas mesetas de los ventisqueros suizos, el más débil sonido, conmoviendo las ondas aéreas, puede determinar la caída de un copo de nieve que, arrastrando y confundiendo masas cada vez más considerables, acaba por sepultar aldeas enteras bajo su formidable avalancha.

Así pues, una simple emisión de las cuerdas vocales, y no el azar, tendrá por resultado la muerte de muchas personas.

El azar es el absurdo ideado de los efectos sin causa. Podrá convenir a los ignorantes, pero la ciencia lo repudia.

«Dichoso el que pueda conocer el por qué de las cosas»,

exclamó Virgilio[118] hace mil ochocientos años. Para conocer esto, es por lo que la inteligencia humana multiplica sus esfuerzos.

Pero la pregunta que se ha dirigido a las fuerzas que rigen la materia bruta se teme dirigirla al espíritu humano.

El alma de esencia divina, dicen los espiritualistas, domina a la materia, que nada puede hacer sin su orden. Consecuencia lógica: si la materia es salvada de por sí, el brazo pesado y ardorosa la sangre, es el alma la responsable, y para corregirla se la suprime.

¡Y si no se suprimiera más que esta abstracción, el alma, el daño no sería muy grande; pero al mismo tiempo de un solo golpe se suprime algo mucho más real: la vida!

«Cuando el brazo flaquea se castiga la cabeza», ha dicho el viejo Corneille[119].

¿Con qué derecho se condena a los esbirros de la Edad Media, cuando la actual civilización sostiene aún al verdugo?

Las penalidades son impotentes para proteger a la sociedad contra actos que no son imputables a sus autores, porque los determinan causas fisiológicas[120] o sociales.

¿Por qué los atentados contra las personas son más frecuentes en el verano que en el invierno? Porque la sangre

---

[118] Publio Virgilio Marón (70-19 a. C.), poeta romano, autor —entre otras obras— de la «Eneida».

[119] Pierre Corneille (1606-1684), dramaturgo francés.

[120] Referencia a la frenología (cf. nota 75).

circula con más calor y el sistema nervioso resulta más impresionable. Esta innegable influencia del clima hace que los meridionales, italianos, españoles, portugueses, griegos, árabes, americanos del Sur, resuelvan sus querellas con arma blanca.

¿Por qué los atentados contra la propiedad son más frecuentes en invierno que en verano? Porque sometido como todos los animales a las leyes de la conservación, el hombre, en esta época, más que en toda otra, necesita un refugio, ropas para abrigarse, alimento para reanimar la circulación de la sangre aletargada por el frío, y la naturaleza le obliga a apoderarse, bajo pena de morir, de lo que la sociedad madrastra le niega.

Ahora bien; si las penalidades son impotentes para reprimir estos actos, si sobre todo se advierte que los que los cometen no son más que máquinas que se mueven en virtud de causas más o menos aparentes, superiores a su voluntad, es evidente que una sociedad basada sobre la justicia y el interés bien entendido, se apresurará a suprimir el verdugo, las cárceles, los carceleros.

«Pero, ¿qué haréis del derecho de defensa? —gritan los adversarios de la anarquía— ¿Cómo daréis a la sociedad los medios para protegerse?»

Desde el momento que los actos antisociales los determinan causas más poderosas que las leyes, no existe más que un medio real para prevenirlos, y es atacar esas causas.

Cuando la propiedad se haya universalizado y sea común, desaparecerán los ataques a la propiedad: nadie se roba a sí mismo.

Cuando las causas de los conflictos, jerarquía, despotismo, explotación, ignorancia, hayan desaparecido, los atentados contra las personas serán más raros. Sólo serán criminales los desgraciados víctimas de una organización cerebral defectuosa; y esto no es una cuestión de códigos, sino de patología. La verdadera conducta que hay que seguir con ellos es educarlos con abnegación[121], no encarcelarlos o cortarles la cabeza.

---

[121] Mientras que la mecánica, la física, la química y la cirugía han realizado verdaderos prodigios, la medicina ha quedado estacionaria o poco menos. Todo conduce a creer que, rompiendo con la rutina y ayudándose con las demás ciencias, hará en el presente siglo inmensos progresos. No es aventurado afirmar que si hoy se pueden reemplazar órganos ausentes y sostener artificialmente las funciones vitales, se podrá, con la ayuda de la ciencia, moral y fisiológicamente, reconstruir al hombre. (N. del A.)

VIII
INSTRUCCIÓN Y EDUCACIÓN

Existe, sin embargo, una rama que, aun en la sociedad más libertaria, exige una determinada suma de autoridad, y es la instrucción.

Ciertamente se abolirán los sistemas pedagógicos que reposan sobre la base de castigos corporales y amenazas terroríficas que torturan el cerebro y fatigan y abruman; pero no resulta de aquí que toda autoridad debe ser suprimida en las relaciones de los profesores con los alumnos, y que se puede conceder a niños ignorantes de todo la misma libertad ilimitada que a los hombres formales.

El verdadero precursor de la anarquía, Bakunin, dice que a los niños se les debe someter a disciplina más atenuada, a medida que avanza en edad. De este modo, cuando lleguen a la adolescencia, no encontrarán en sus maestros más que amigos y consejeros.

Esta racional progresión es la que ha señalado las fases de la existencia de los pueblos. Sometidos en su infancia al despotismo absoluto de la fuerza, se emancipan poco a poco, obtienen garantías y constituciones que mañana despreciarán hallándolas insuficientes. El derecho electivo remplazará el derecho hereditario, y muy pronto la lección misma será juzgada incompatible con la autonomía de todos. El poder impuesto o consentido desaparecerá.

La humanidad es, en efecto, un hombre que se perfecciona siempre y que jamás muere. El hombre es un resumen de la humanidad.

Es preciso no confundir la instrucción y la educación: esta última, que es la asimilación de las costumbres sociales, debe inspirarse en el más grande principio de libertad. La instrucción, al contrario, como enseñanza de útiles conocimientos, pero áridos generalmente, supone un plan, un método que, por intenso que sea su atractivo, siempre será autoritario[122]. Creemos inútil decir que nunca lo será tanto como ahora.

La enseñanza universitaria, en la que se pierde un tiempo precioso estudiando las leguas muertas que encarnan la historia de los hechos y gestos de los soberanos, suministrando frecuentemente datos y fechas inexactas, que embota los cerebros aún no desarrollados de matemáticas aprendidas en el libro o sobre la negra pizarra y no en la práctica diaria, esta enseñanza está, desde hace mucho tiempo y a pesar de las pseudo-reformas introducidas, condenada por todos los espíritus cultos. Resulta preferible la instrucción que se da en las escuelas profesionales. Es menos brillante pero más sólida, perdiéndose menos

---

[122] Infinitamente menos que hoy, es cierto, pero autoritario en el sentido de que el alumno no podrá ser abandonado a sí mismo. Habiéndose despertado en él las iniciativas, es el profesor quien ha de examinarlas y guiarlas hacia el fin que él conoce y que los discípulos ignoran. Es esto lo que parece demostrar una tentativa de enseñanza *sin autoridad* hecha en Yásnaia Poliana (Rusia), bajo los auspicios de León Tolstoi, y que ha dado resultados excelentes en ciertos ramos y negativos en otros. (N. del A.)

tiempo en el estudio de fórmulas latinas o matemáticas inaplicables. Sin embargo, hay que convenir en que esto no es más que un bosquejo de lo que será la educación del porvenir. El *internato*[123], fórmula de reclusión que tiene al alumno en la ignorancia del mundo exterior, se abolirá; los estudios serán lo más atractivos posible y estimulados insensiblemente en las horas de recreo; se sostendrá la emulación empleando distintos sistemas al de los castigos; se aprenderá la historia en la vida de los pueblos y no en la de los reyes, se enseñarán las lenguas vivas con preferencia a las muertas, y estas últimas aprendidas en sus raíces, en su mecanismo no ya al través de podridos libracos de autores momificados en la noche de los siglos; las matemáticas serán enseñadas insensiblemente y de un modo práctico durante los momentos de distracción y de paseo; la geología será aprendida sobre el terreno, practicando diversas excursiones; la mecánica será enseñada en el taller con más frecuencia que en las tablas; los ejercicios corporales se harán paralelos a los estudios técnicos, y por fin, como coronación, se enseñará la filosofía experimental, sintetizando todas las ciencias e iluminando a la humanidad en su marcha ininterrumpida hacia el progreso indefinido. Estas son, a grandes rasgos, las bases de la nueva enseñanza[124].

---

[123] Licencia del traductor; en el original aparece en francés, no en italiano.

[124] Un establecimiento realiza cuanto le es posible este ideal: el de Cempuis, dirigido por un audaz innovador y pedagogo de gran-

Los Estados Unidos, que no sufren nuestro viejo barbarismo universitario, producen más ingenieros que nosotros, más físicos, químicos, sabios de ciencia práctica, en una palabra, hombres verdaderamente útiles. Su sistema de enseñanza, puesto enteramente en relación con las modernas tendencias y depurado por el genio de las razas latinas, prevalecerá cobre las pedagogías del pasado.

La educación difiere de la instrucción. Dos individuos igualmente instruidos pueden ser uno un animal orgulloso, otro un hombre modesto y servicial.

La educación comienza en la cuna y puede decirse que continúa durante toda la vida, porque el medio social se modifica indefinidamente, y las ideas que se reciben y las costumbres contraídas sufren forzosamente una modificación. Es evidente que ejercerá menos influencia en un viejo cuyas ideas han echado hondas raíces, aferrado a sus costumbres, que en un niño de espíritu despierto, de ingenua y confiada imaginación.

La verdadera educación no debe ser la enseñanza de convencionalismos más o menos ridículos y de fórmulas aprendidas sistemáticamente, sino el desenvolvimiento

---

des talentos, Paul Robin. En Cempuis se ha realizado la coeducación de los sexos. Normal este sistema en los Estados Unidos, pareció abominable en Francia, y esta fue una de las razones aparentes de la medida tomada contra el jefe del establecimiento, a quien se le declaró encarnizada guerra hasta que fue trasladado. Esto demuestra una vez más lo difíciles que son, por no decir imposibles, las reformas sociales en el medio actual. (N. del A.)

normal de las aptitudes y la adaptación al medio social; el enderezamiento de propensiones peligrosas legadas por herencia o más bien por desviación, de modo que se las pueda utilizar; porque hay que advertir que, aun los defectos, como son: orgullo, avaricia, cólera, pueden, orientados de cierto modo, volverse en provecho de los individuos y de la sociedad entera. Debe, sobre, todo, dirigirse a hacer del niño un hombre libre, teniendo conciencia de su libertad, considerando su independencia y su bienestar como íntimamente ligados a la independencia y al bienestar de sus semejantes.

La primera educación comienza a recibirse por los ojos. Los sentidos despiertan mucho antes que la razón. Importará, pues, que el niño no tenga jamás ante su vista ningún espectáculo degradante, como por ejemplo, el padre y la madre que se humillan o se maltratan, camaradas golpeados por sus padres, delaciones, aunque sean pueriles, terror ante un peligro real o imaginario.

El amor propio y el espíritu de solidaridad son dos sentimientos que conviene despertar y desenvolver paralelamente en el niño, corrigiendo uno lo que pueda tener de excesivo el otro. Mientras que el cristianismo predica la degradante resignación *«presentar la mejilla izquierda después de haber dado la derecha»*, el individuo, viviendo en el seno de una sociedad anarquista, no debe sufrir la menor molestia en su imprescindible derecho de ser libre. Mientras que la palabra de orden de la burguesía es *«cada uno para sí y dios para todos»*, bestial egoísmo que no garantiza la digestión de los ahítos contra la turbulencia de los famélicos; la divisa del comunismo es: «*Todos para uno y uno para todos*».

La curiosidad, que es insoportable cuando se ejerce a costas de otro, dirigida en un sentido científico, será un precioso estímulo para el espíritu de iniciativa. Conducirá a sostener la actividad que los pesimistas temen se extinga en una sociedad en la que los hombres ahítos de bienestar podrán, sin gran suma de trabajo, satisfacer todas sus necesidades.

La emulación, necesaria para mantener el progreso, obrará sobre los niños y los hombres; se alimentará por medio de la satisfacción moral, e igualmente ese otro sentimiento, quizás menos perfecto, pero así y todo necesario: la vanidad. No se puede, pues, bajo pretexto de una estrecha igualdad, destruir toda iniciativa individual y cortar las alas al genio. Si es falso pretender que un sabio tenga derecho a privilegios y distinciones negados al carpintero o al albañil, la admiración es un sentimiento que no se puede ni se debe proscribir. Admirar los versos de un poeta, las cinceladuras del joyero, las formas de un sastre y los muebles del ebanista, no puede turbar la paz social ni herir en nada los sentimientos igualitarios.

Con su carácter artístico, la raza latina siente más entusiasmo que otras por las obras atractivas y bellas. La raza sajona, al contrario, da preferencia a la utilidad. Un cuadro admirado por los franceses lo desdeñarán los americanos, prefiriendo una cosa útil perfeccionada[125]. De estas distin-

---

[125] Hablando aquí desde el punto de vista de la generalidad y no

tas tendencias se formará, cuando el comunismo haya internacionalizado los pueblos y fusionado las costumbres, un justo medio, una resultante.

Las razas tienden a equilibrarse. Las cualidades ausentes en unas existen en otras hasta el exceso. Los pueblos latinos están dotados de una vivacidad de sentimientos de que carecen las naciones sajonas, más rígidamente sabias.

¡Qué diferencia entre el flemático inglés y el ardiente napolitano traduciendo todas sus impresiones por medio de gritos, risas y llantos, y con el juego de su movible fisonomía!

Proscribir la pasión como lo sueñan algunos desenfrenados sectarios, sería proscribir la vida misma, hacer, según la máxima jesuita, del ser humano un cadáver. Ciertamente habrá necesidad, cuando se aproxime la tempestad que barrerá el mundo burgués, de guardarse del sentimentalismo; pero al día siguiente de la crisis el sentimentalismo revivirá. Es una ley natural la que quiere que los excesos contrarios se sucedan antes del restablecimiento del equilibrio. Hasta que la revolución no haya terminado su obra, los campeones de la nueva sociedad tendrán que acorazarse el corazón. Frecuentemente, las efusiones de piedad, los desbordamientos intempestivos de ternura,

---

de algunas excepciones. Los riquísimos burgueses americanos que cubren de oro los lienzos de Meissonnier obedecen, no a un sentimiento artístico, sino a los impulsos de un orgullo de pobre enriquecido. Generalmente dan prueba de ignorancia o de mal gusto. (N. del A.)

han hecho perder la batalla, conduciendo al proletariado a la matanza, saludado por las aclamaciones de filántropos a lo Jules Simón[126]. Pero después, cuando el bienestar sea general y ya no existan papas, reyes, emperadores ni gobiernos de ninguna clase y las luchas del pasado no sean más que un recuerdo histórico, se experimentará lo bueno que es vivir amándose; y el nuevo estado social conducirá a una explosión de sentimentalismo, pero no de ese sentimentalismo hipócrita que prevaleció durante el siglo XVIII entre las falsas pastoras del Trianón[127], no ese sentimentalismo bestial que al día siguiente de la victoria supo la burguesía inculcar al pueblo ignorante. Lo que se manifestará entonces en toda su amplitud, será ese sentimiento más entrevisto hasta ahora que realizado, e irrealizable además en nuestra sociedad podrida: la fraternidad.

---

[126] François-Jules Suisse, conocido como Jules Simon (1814-1896), filósofo y político francés, conservador y republicano.

[127] Pequeño y gran Trianón, conjunto de edificios y jardines en el interior del recinto palaciego de Versalles. El gran Trianón fue construido durante el reinado de Luis XIV, y el pequeño Trianón durante el de Luis XV.

IX
DEFENSA SOCIAL: LA ANARQUÍA DESDE EL PUNTO DE VISTA MILITAR [128]

Si hay un estado absolutamente opuesto a la anarquía —desenvolvimiento libre y pacífico de los individuos— es el estado de guerra, resto del salvajismo de las edades prehistóricas.

Considerada hoy la guerra muy justamente como una plaga, fue el estado normal de los seres humanos cuando apenas desposeídos de la más grosera animalidad, extraños a toda concepción moral y a toda idea abstracta, tuvieron que combatir desesperadamente por el derecho a la vida contra las fieras primero, y después entre ellos. El hombre no es ya «un Dios caído que se acuerda de los cielos», como afirma un poeta mentiroso, y las ciencias, que hoy reconstituyen su origen, nos lo muestran señalando sus lentas etapas al través de los siglos, por la bestialidad, la antropofagia, la esclavitud y el servilismo feudal. A me-

---

[128] Al aparecer la primera edición de esta obra, este capítulo suscitó vivas controversias en la prensa y las agrupaciones libertarias. Por lo mismo, el autor se cree obligado a declarar que ha expuesto ideas puramente personales. Considera, naturalmente, la guerra como una monstruosa antítesis del ideal anarquista; pero ha debido preocuparse del modo que podrían defenderse eficazmente los miembros de una sociedad libertaria. (N. del A., 1897)

dida que se aleja de su punto de partida, que las masas aprenden a pensar, en una palabra, que la humanidad se constituye, la guerra es menos frecuente y excita más el horror. En nuestros días se reglamenta el derramamiento de sangre, se respeta a los prisioneros de guerra y a los heridos se les recoge y se les cuida. Ciertamente, las luchas entre las naciones son más sangrientas que lo fueron de tribu a tribu y, si la revolución social universal no pone orden, las guerras de razas producirán espantosas hecatombes; pero si por consecuencia de los incesantes progresos en las máquinas militares y por el mayor número de combatientes, las modernas batallas parecen más temibles[129], estos duelos entre pueblos ocurren ahora en intervalos más alejados. La concupiscencia de un jefe, los resentimientos de un rey ya no los pueden ocasionar; hace falta todo un conjunto de causas que invocan con más o menos propiedad los jefes de Estado para justificar la cruel necesidad del derramamiento de sangre.

En otro tiempo, la lucha cuerpo a cuerpo engendraba la

---

[129] Más temibles que las luchas de los hordas primitivas mal armadas o que los encuentros de la Edad Media entre caballeros cubiertos de hierro que apenas podían herirse, pero menos sanguinarias que los choques entre razas que llenan la humanidad: griegos contra persas, latinos contra africanos, cimbros, teutones, germanos. Entonces la matanza acompañaba y seguía después del combate. Así se comprende esos 150.000 hombres muertos en una sola batalla cuando Atila invadió la Galia. Hoy la distancia entre los combatientes y la separación de las filas, tienden a neutralizar el efecto de las armas modernas. (N. del A.)

estúpida admiración de la fuerza física, elemento suficiente para determinar la victoria. La invención de la artillería fue toda una revolución en el arte de aniquilarse; eliminó progresivamente las pesadas armas defensivas (casco, coraza, escudo), remplazando los sangrientos pugilatos por sabias combinaciones. Hoy la guerra se ha convertido exclusivamente en una cuestión de cálculo. El tiempo de las cargas de caballería, de los asaltos a la bayoneta y de todos estos procedimientos fantásticamente brillantes, ha pasado; la furia es aniquilada por la potencia superior del fuego. El soldado, que ya no prepara su cartucho, mordiéndolo, que no cala la bayoneta y que muy pronto no oirá los estampidos de la artillería apagando los quejidos de los agonizantes, no será excitado por el olor de la pólvora, por el sofocamiento del humo[130], todo este ardor del combate que le comunica un ficticio poder. Ahora de día en día aborrece más la guerra, y en su fuero interno reirá tristemente de las extravagancias patrióticas de los burgueses.

Los hombres —a mucha costa, es cierto— aprenden a reflexionar. Los perfeccionamientos aportados a las máquinas de matar, contribuyen a la propaganda del miedo y del odio a la guerra. Salvo algunos aguerridos veteranos o algunos jóvenes fanáticos educados en la ignorancia de las necesidades de su época, los pueblos suspiran por el momento en que su trabajo no servirá ya para el sostenimiento de esos ejércitos permanentes dispuestos siempre a

---

[130] Con la pólvora sin humo y casi sin detonación empleada hoy por casi todos los ejércitos europeos. (N. del A.)

destrozarse.

A despecho de las reformas, la tropa constituye en manos de la casta gubernamental un arma dirigida especialmente contra el pueblo. Excelente para fusilar a los huelguistas y meter en cintura a los obreros descontentos, no puede apenas defender el territorio —la historia lo demuestra— sin la cooperación de este mismo pueblo.

El espíritu del ejército, su funcionamiento, su razón de ser en tiempos de guerra, es la marcha siempre hacia adelante, la invasión del territorio enemigo, el terror impuesto por medio de los refuerzos de grandes reclutamientos, de ejecuciones sumarísimas, de estados de sitio, de contribuciones. Reducido a la defensiva por una serie de fracasos al principio de una campaña, sufre una profunda herida en su moral, y su organización se resiente por esto no menos que por los golpes del enemigo. La disciplina desaparece con la confianza en los jefes, y esto significa ya el fracaso irremediable, a menos que el pueblo no esté pronto a sublevarse contra los invasores, contrarrestando sus movimientos, desconcertando sus planes, cortando sus comunicaciones, permitiendo, en una palabra, a los ejércitos vencidos tomar aliento y reorganizarse para la ofensiva.

El ejército, tal como hoy existe, es una máquina opresiva y costosa para el pueblo, poco útil para la defensa y por la cual, frecuentemente, se perpetran verdaderas atrocidades en nombre de la disciplina y del interés general. Es una rueda que ha de suprimirse. Pero ¿se infiere de esto que una sociedad absolutamente libre e igualitaria debe quedarse sin medios de defensa contra las naciones despóticas o bárbaras que la rodean?

Evidentemente, no. De este modo, esperando la época armónica en que la guerra no representará más que un odioso recuerdo del pasado, se puede concebir el armamento general del pueblo como una solución, si no perfecta, al menos preferible al sostenimiento de ejércitos permanentes.

Creada así la nueva fuerza, ¿podría prescindirse de instructores de cuadros (digamos la palabra que tanto desentona entre los anarquistas) y de jefes? No es esto admisible. Millares y aun millones de combatientes, desparramando confusamente sus esfuerzos, incapaces de ejecutar un movimiento de conjunto, faltos de unidad en la dirección, serían fácilmente vencidos por un número muy inferior de adversarios. Salvo algunos combates en las vanguardias, algunos episodios aislados, golpes de mano, ataques a un convoy o defensa de un desfiladero, la resistencia sería imposible.

Que la guerra sea ofensiva o defensiva, siempre necesita la autoridad por una parte, la subordinación por otra. Ciertamente, los esfuerzos de un pueblo defendiendo sus hogares revisten carácter distinto a la invasión de ejércitos despóticos: dan más espacio al espíritu de libertad, de igualdad y de iniciativa a la espontaneidad de las masas; pero exigen, para que su esfuerzo lo corone el éxito, cierta suma de disciplina y de organización real[131].

---

[131] La guerra que desde hace dos años se desarrolla en Cuba, y en la que 30.000 insurgentes escasamente armados y aprovisionados

Fatalmente debe ser así: un organismo de combate no puede semejarse a una sociedad de paz y de trabajo. Pero aun así, dentro de la anarquía, la autoridad de los jefes militares no sobrevivirá a las necesidades que la crearon, y será atribución de todos los ciudadanos sujetarla. En este sentido, la educación anarquista será el mejor preservativo contra los pronunciamientos.

Por otra parte, no hay que alarmarse ante ciertas medidas. El arte de la guerra, esperando su desaparición, está condenado a una transformación que ha de dar muerte a la vieja disciplina. El hombre dejará de ser un cero ahogado en la masa; por consecuencia de los inventos de la pirotécnica, las masas resultan de día en día más vulnerables; el combate tiende a individualizarse, el soldado a conquistar su autonomía. Si el batallón es la unidad táctica, la compañía ha resultado la unidad de combate (reglamento del 12 de junio de 1875, sobre maniobras de Infantería[132]). Con los cañones de 24 kilómetros de alcance y los fusiles de repetición, este orden parece aún demasiado compacto. La verdadera unidad de combate se reducirá a una veintena de hombres y la unidad táctica a un centenar. Será esta la guerra de los francotiradores, la más apropiada para un pueblo que se defiende en su territorio. Esta transformación, hecha inevitable por el progreso de la ciencia militar,

---

tienen en jaque a 200.000 hombres de tropas regulares, es la más sorprendente confirmación de lo que adelantamos. (N. del A., 1897)

[132] Del ejército francés, naturalmente.

suprimirá toda jerarquía en estos reducidos cuerpos susceptibles de maniobrar aisladamente o de reunirse para una acción común. No habrá más que un jefe temporal en contacto inmediato con la tropa, medio este el mejor para sostener el espíritu de igualdad, de confianza y de iniciativa. Por otra parte, la organización comunista de los pueblos les permitirá tomar en todas partes cuanto necesiten para su manutención y equipo sin formalidades y aplazamientos, suprimiendo la serie interminable de contratistas e intendentes maldecidos constantemente por los soldados, a quienes matan de hambre. Nada de depósitos, de bagajes inmensos, toda esa impedimenta que embaraza la marcha de los ejércitos y hace perder la batalla. Entonces, merced a los procedimientos químicos que permitirán concentrar en un reducido volumen una gran cantidad de substancias nutritivas, los combatientes podrán transportar víveres para muchos días.

La centralización puede ser una necesidad del momento. Sin embrago, conviene desconfiar, pues se aproxima más a la agresión que a la defensa. Expone de una vez las fuerzas de un pueblo que se apodera de todas las fuerzas del país para conducirlas en un momento dado sobre tal o cual punto; si el supremo esfuerzo fracasa, todo está perdido.

Mientras que los vicios de la centralización, desde el triple punto de vista militar, administrativo y político, se nos aparecen de un modo sorprendente en la historia, con el imperio romano abierto a los bárbaros, el de Carlomagno, ruinoso por su extensión, España incapaz de defenderse o de reconquistar sus colonias; Austria tiroteada por los latinos, checos, eslavos y magiares, y Francia entregada a la arbitrariedad, a un funcionarismo tan absoluto como rutinario, nosotros podemos observar en todas partes los progresos de la autonomía cuando está combinada con una completa solidaridad. Los suizos, autónomos y solidarios, rechazan en la Edad Media todos los ataques del imperio; los municipios flamencos arrojan a sus señores y hacen frente a los franceses; los holandeses sacuden el yugo de España, y los españoles reconquistan su territorio contra los poderosos ejércitos de Napoleón I. Si los adversarios de la autonomía citan el ejemplo de los galos sucumbiendo bajo los esfuerzos de César, el ejemplo es falso. Los galos sucumbieron, no porque fueran autónomos, sino porque unos eran enemigos de otros, y aun así las confederaciones que se supieron aliar tuvieron en jaque a los romanos mucho más tiempo que lo hizo ninguno de esos Estados fuertemente centralizados, que al fin de tres o cuatro grandes fracasos no pueden oponer ninguna resistencia al vencedor. Que se compare la derrota de Francia centralizada a todo trance con Napoleón I, sobrecargada de funcionarios, administradores, de generales, con la victoria de Francia sobre Europa en el 93, simplemente federalizada, defendida por ejércitos de *sans-culottes*[133], organi-

---

[133] Los *sans-culottes* (literalmente «sin calzones», en referencia a su atuendo; sólo las clases más altas usaban *culottes,* calzones cortos) incluían pequeños artesanos y comerciantes, así como asalariados. No fundaron un partido formal, pero se alinearon

zados, equipados y alimentados sobre el terreno por las municipalidades, los comisarios y una multitud de comités locales.

Al día siguiente de la guerra franco-prusiana de 1870-71, Juárez[134], desde Méjico, con su experiencia de viejo guerrillero, escribía que la verdadera táctica que debieron haber empleado los franceses para extenuar y destruir a sus adversarios, era la creación de una multitud de pequeños ejércitos de 10 a 15.000 hombres, fáciles de conducir y de aprovisionar, en vez de esos grandes ejércitos de 100.000 hombres dislocados al menor choque y que se desbandan bajo el mando de jefes traidores o incapaces. Las luchas de todas clases que precederán a la revolución social, han de demostrar que este método es el mejor para una guerra defensiva. Esto en lo relativo a los combates a campo raso.

En cuanto a la resistencia de las poblaciones, los medios científicos jugarán un importante papel. Una ciudad como París, Londres o Berlín, tiene recursos incalculables. Todos los ejércitos de asedio quedarían destruidos bajo la lluvia

---

con la izquierda revolucionaria burguesa durante la Revolución Francesa y tuvieron un papel fundamental en episodios como la toma de la Bastilla en 1789 y el asalto al palacio de las Tullerías en 1792.

[134] Benito Juárez García (1806-1872), abogado y político mexicano, de origen indígena. Fue presidente de México en varias ocasiones, entre 1857 y 1872, ocupando un lugar muy destacado en la historia del país.

de fuego lanzada por los aerostatos, se los tragaría la tierra, abierta por medio de substancias explosivas, caerían fulminados por la electricidad. Nada de ciudadelas, de fortificaciones, de muros almenados. Todo esto ha pasado de moda y debe archivarse en el museo de antigüedades, juntamente con el casco y la coraza. Agoniza la antigua barricada, y en vez de las garitas en que hacían la guardia los centinelas, arma al brazo, se extenderán *fortificaciones movibles*, líneas férreas ocupadas por locomotoras armadas de poderosos cañones, mortíferos invisibles para el enemigo.

El descubrimiento de la dirección de los globos dará por resultado, un día, muy pronto quizá[135], hacer la guerra tan espantosa como imposible. Aún no se ha resuelto el problema de la navegación submarina[136], pero el genio del hombre lo alcanzará. Entonces, esos acorazados gigantescos, a pesar de sus aparatos protectores, de sus blindajes y de sus redes, estarán a merced de los invisibles torpederos. Diez hombres en una cáscara de nuez, pueden hacer saltar uno de esos monstruos con todo su equipo. Esta es la revolución de la táctica, tanto en el mar como en la tierra.

---

[135] Y de internacionalizar los pueblos. Arbitrios, aduanas y fronteras quedaran de hecho anulados. (N. del A.)

[136] Aunque los primeros intentos de fabricación de un buque submarino datan del s. XVI, lo cierto es que no se lograría un submarino funcional hasta el *Ictíneo II* (1864) del ingeniero español Narciso Monturiol, y ninguno plenamente útil hasta el *Peral* del español Isaac Peral, botado en 1888 (el año en que Malato escribía su *Philosophie*) en los astilleros de San Fernando, Cádiz.

Se descubre fácilmente que todo contribuye a destruir esta máquina militar anticuada, opresora y disciplinada. Los ejércitos permanentes serán reemplazados por la acción espontánea del pueblo entero. Si esta organización admite en tiempo de crisis la autoridad fundada sobre el talento y justificada por las necesidades, esto no será más que un *accidente* que acaba cuando desaparece el peligro. Por otra parte —y esto debe ser un enérgico estimulante para los propagandistas del socialismo internacional— no cabe duda que, cuando los gobiernos hayan desaparecido, aniquilados por la cólera de las masas, y se hayan destruido las fronteras, desaparecerá entre los seres humanos todo motivo para la guerra.

X
ARTE Y CIENCIA

El odio con que los anarquistas persiguen los monumentos de un pasado odioso, indigna a los partidarios de la ciencia y del arte oficiales.

— «¡Sois unos bárbaros!» — gritan a los revolucionarios.

Esta acusación es injusta, pero debemos recordar que jamás hubo bárbaros que amontonasen ruinas como los llamados seres civilizados.

Los romanos, vencedores incultos, respetaron los cuadros y las estatuas de la conquistada Grecia; los godos guardaron los monumentos de Roma, que después habían de destruir los papas; los árabes civilizaron España, asolada por los piadosos cristianos; los *bandidos* del 93[137] transformaron París, prolongaron las calles, abrieron nuevas vías, construyeron alcantarillado, celebraron fiestas suntuosas, cultivaron el yermo suelo francés y Bonaparte, hombre de orden, saqueó los museos de Italia y hecho emperador, desvalijó a Europa de sus obras maestras.

«La fuerza —ha dicho Karl Marx— es la comadrona de las sociedades.» Los anarquistas son los comadrones del siglo XX. En el curso de su rudo trabajo ¿pueden ellos reparar en el sitio donde dan sus golpes? Cuando se trata de salvar la humanidad ¿qué importa que alguna joya pueda ser destruida?

---

[137] 1793, durante la Revolución Francesa.

El hombre, desprovisto de razón e ignorando la ciencia, creó las religiones. Y estas religiones, de las que se aleja cada vez más, pesan aún sobre él y es preciso que se destruyan sus vestigios. Hasta aquí se han trasformado, se han atenuado, pero sin desaparecer. Los cristianos destruyeron las estatuas de las divinidades olímpicas y se adoptaron las pompas del paganismo susceptibles de seducción. Esto fue como la fusión de las mitologías. Desapareció el dogma antiguo, pero permanecieron sus ceremonias más o menos modificadas.

A su vez, los deístas del siglo XVIII proscribieron el culto cristiano y lo remplazaron por el de la Razón —¡qué locura!— y después por el del Ser Supremo, que fue una estúpida mascarada. De Numa[138] a Gregorio VII[139] y de Gregorio VII a Robespierre ¡hay todo un encadenamiento!

Y hoy la francmasonería es una religión, el libre pensamiento otra; el materialismo tiene sus ritos como el deísmo. En otro tiempo se comía poco en Viernes Santo, era la regla; hoy se come mucho, es la moda, moda que se convierte en tradición. ¿Dónde está la diferencia? El respeto al Estado es un resto de religiosidad.

Los desvaríos metafísicos hacen al hombre esclavo sobre la tierra, descubriéndole en cambio las varias regiones

---

[138] Numa Pompilio (753-674 a. C.), segundo rey de Roma, sucesor de Rómulo.

[139] San Gregorio VII (ca. 1020-1085), Papa n° 157 de la Iglesia católica. Su pontificado duró de 1073 a 1085, periodo en el cual llevó a cabo la conocida como Reforma gregoriana.

del cielo, que los anarquistas deben combatir sin piedad. Cuanto simboliza el misticismo debe ser destruido; el altar, ante el cual el hombre pierde su individualidad y hace abstracción de su ser; el confesionario, en el que un espía ensotanado se hace dios, y la cruz, emblema de las degradantes virtudes cristianas, la humildad y la resignación.

¿Habéis pasado alguna vez bajo las elevadas bóvedas de los templos, pisando las sonoras baldosas que os envidian el eco de vuestros pasos? ¿Os habéis detenido algo confusos en la sombra de las columnatas, contemplando las góticas vidrieras entre cuyos violáceos rosetones se filtra la luz misteriosamente? ¿Habéis aspirado ese olor insípido y penetrante del incienso, mientras llegan a vuestros oídos cantos incomprensibles como una armonía del otro mundo? ¡Oh! ¡Qué bien combinado está todo para seducir y aniquilar al ser humano! De esas sombras, de esas vidrieras, de ese incienso, de esos cantos latinos se desprenden un conjunto de impresiones que suben al cerebro, produciendo embriagueces de opio, desequilibrios mentales.

Todo esto debe destruirse en absoluto; no hay modificación posible: o toda la verdad o todo el error. Después de Lamarck[140], Darwin, Büchner[141] y Moleschott[142], sobran lo

---

[140] Jean-Baptiste Lamarck (1744-1829), naturalista francés de gran importancia e influencia, junto a otros grandes autores de su época como Linneo o Cuvier. Es Lamarck quien acuña el término «biología» para referirse al estudio de los seres vivos, y quien formula la primera teoría de la evolución biológica, conocida después como *lamarckismo* o *transformismo*.

mismo el Ser Supremo que la diosa de la Razón.

¡Fúndanse los cálices en el crisol! ¡Pulverícense los dioses de alabastro en el mortero! ¡Hágase leña de los confesionarios! Si esto es ser iconoclastas, lo son los anarquistas. En cuanto a las iglesias, podrían servir para escuelas o para granero público.

Otro fanatismo es el de la patria. Con gran acompañamiento de metal se ruge:

«*¡Temblad, enemigos de Francia!*»[143]

Y llorosos violines, acatarrados acordeones, chillones organillos, repiten el motivo hasta desgañitarse.

«*Cuando los quintos vayan a la guerra...*»[144]

Y ondean las banderas, lucen las escarapelas y millares de imágenes representan a los generales recamados de

---

[141] Ludwig Büchner (1824-1899), filósofo, escritor y médico alemán, partidario de las ideas de Darwin, y defensor de la supremacía de la ciencia sobre la teología y la metafísica.

[142] Jacob Moleschott (1822-1893), médico y filósofo holandés, conocido por su visión filosófica del materialismo científico.

[143] Verso del *Chant du Départ* (en francés, «canción de la partida»), una canción revolucionaria compuesta en 1794 por Étienne Nicolas Méhul (música) y Marie-Joseph Chénier (letra). Fue el himno oficial del Primer Imperio Francés.

[144] «Quand les pioupious d'Auvergne iront en guerre» en el original francés. Verso de la marcha *Les Pioupious d'Auvergne*, compuesta por Bourgès.

oro, con los laureles de la victoria en la frente y la triunfante espada en la mano. Tal es el entusiasmo, que se despanzurraría a un alemán por el amor a la patria, como en la Edad Media se ofrecía a Dios la asadura de un herético, y los pintores mediocres, especulando sobre los sentimientos patrióticos del jurado, presentan en la Exposición[145] un cuadro bélico que no hay más remedio que aceptar.

Todo esto es lo que hay que suprimir, pero todo esto no es el arte.

¿Qué es, pues, el arte? ¡Oh! Todo cuanto revelando los encantos del espíritu y halagando los sentidos, contribuye al progreso humano. Si se derrumban las iglesias, si se queman las banderas, el arte no retrocederá, antes al contrario. Pero quien destruyese por placer el Louvre o la Biblioteca Nacional sería un insensato.

«La naturaleza no anda a saltos», ha dicho Leibnitz[146].

Podrá hacerse tabla rasa de todas las instituciones políticas y sociales de la humanidad, pero no se borrará ni en un día ni en un siglo el recuerdo de su historia, de sus es-

---

[145] Parece referirse el autor a la Exposición Universal de París de 1855. Fue la primera exposición universal que contó con un pabellón exclusivo para las bellas artes, en el cual se mostraron obras de Delacroix e Ingres, entre otros.

[146] Gottfried Wilhelm Leibniz (1646-1716), filósofo, lógico, matemático, jurista y político alemán, uno de los mayores pensadores de su tiempo, con importantísimas contribuciones en metafísica, lógica, filosofía de la religión, matemática, física, jurisprudencia, geología, etc.

fuerzos, de su forma. Al lado de las pesadas divinidades asirias, la Venus de Milo aparece como la evocación del genio griego. Las vivientes *madonas* de Rafael repelen las frías vírgenes de mármol tendidas sobre los sepulcros cristianos. ¡Murillo, Rubens, Watteau[147], vuestros personajes tan distintos y nerviosos, vuestras creaciones rebosando de luz, desbordando las morbideces de la carne, hacen revivir siglos pasados! ¡Que destruyan por segunda vez la columna de Vendôme[148], monumento elevado al crimen; que destruyan las estatuas de Luis XIV, de Enrique IV[149], un renegado real, y de Gambetta[150], un burgués renegado; pero que se respete en el Louvre el museo de arte internacional!

No hay mejor terreno para germinar y desenvolver el

---

[147] Jean-Antoine Watteau (1684-1721), pintor francés, uno de los grandes artistas del último barroco francés y el inicio del rococó.

[148] La columna Vendôme es un monumento parisino erigido por orden de Napoleón para conmemorar la victoria en la batalla de Austerlitz. Durante los sucesos de la Comuna de 1871 fue derribada, al ser considerada un monumento al militarismo y la barbarie de la guerra. Con posterioridad la columna fue restaurada, y aún puede contemplarse en la plaza de Vendôme.

[149] Enrique de Borbón (1553-1610), rey de Francia como Enrique IV entre 1589 y 1610, y rey de Navarra como Enrique III de 1572 a 1610.

[150] Léon Gambetta (1838-1882), político republicano francés que jugó un importante papel al inicio de la Tercera República Francesa.

arte que en una sociedad libre, enteramente libre. Todos los tiranos del genio que bajo el pretexto de estimular al talento han pensionado a sus aduladores a costa del pueblo, no han hecho otra cosa que falsear el espíritu, cortar las alas a la inspiración, supeditarlo todo a su gusto personal.

El arte griego no esperaba a Pericles[151]. ¡Qué diferencia entre las obras de Esquilo[152] y la de los poetastros de la época demetriana y de la dominación romana! ¡Qué abismo entre las *Filípicas* de Demóstenes[153] y las arengas de los retóricos que enseñaban a precio de oro la elocuencia según los siglos! En el ágora se habla otra lengua: todo es sutilizado, quintaesenciado, amanerado. Se comprende que la libertad no inflama ya los corazones de los nietos de Trasíbulo[154].

---

[151] Pericles (ca. 495-429 a. C.) fue un importante político y orador ateniense en el momento de mayor esplendor de la ciudad.

[152] Esquilo (525-456 a. C.), dramaturgo griego, el primer gran representante de la tragedia griega, predecesor de Sófocles y Eurípides.

[153] Demóstenes (384-322 a. C.), importante político ateniense y uno de los oradores más relevantes de la antigua Grecia. Las *Filípicas* fueron famosos discursos contra Filipo II de Macedonia, en quien Demóstenes veía una amenaza para la independencia de todas las ciudades-estado griegas, Atenas incluida.

[154] Trasíbulo (ca. 455-388 a. C.), general ateniense, líder de la facción democrática de la ciudad. Se opuso al gobierno oligárquico impuesto por Esparta (el gobierno de los *Treinta Tiranos*), y tras

Allí donde reina la servidumbre, la inspiración es deforme, el genio se agota. Las mejores odas de Horacio[155] no son aquellas en que celebra a Augusto y Mecenas[156]; la *Eneida*, monumento de adulación y de lisonja elevado a la gloria de César, no vale lo que las *Geórgicas*, que cantan a la inmortal naturaleza, y quién sabe si lo advirtió Virgilio[157], por cuanto al morir ordenó que quemaran su obra. De todos el más grande es quizás el plebeyo Plauto[158], que anima con un soplo de vida a sus personajes: mercaderes, parásitos, esclavos, cortesanos[159].

Por otra parte los latinos no tuvieron casi más que un arte de importación. Entre ellos, el culto exclusivo de la

---

varias batallas logra restablecer la democracia en Atenas en el 404 a. C.

[155] Quinto Horacio Flaco (65-8 a. C.), poeta romano, quizás el mejor poeta lírico y satírico en lengua latina.

[156] Salvo una, la oda «*Justum ac tenacem...*», en la que después de celebrar con gran entusiasmo al hombre que no se dobiega ante ningún amo, coloca modestamente a Augusto entre los dioses. (N. del A.)

[157] Cf. nota 118. Tanto la *Eneida* como las *Geórgicas* son obras de Virgilio.

[158] Tito Maccio Plauto (254-184 a. C.), famoso comediógrafo romano.

[159] El teatro se desarrolla sobre todo en los pueblos que tienen tendencias libertarias. Las naciones estancadas en la idolatría monárquica no tienen más que frías e inmóviles estatuas. (N. del A.)

fuerza mata al culto del espíritu. Conocidos son los versos del poeta[160]:

Græcia capta ferum victorem cepit et artes
Intulit agresti Latio[161]

Después de Augusto ya no hubo en Roma más que profesores griegos enseñando la rutina y las reglas que habían aprendido. Esto fue lastimoso. Crearon un pueblo de copistas que se creían escritores y de charlatanes que se consideraban tribunos.

Sólo tuvieron algunos historiadores indignados, Tácito[162] y Suetonio[163]; son estos dos poetas libelatarios, y después, la podredumbre del bajo imperio, el hundimiento inevitable. Nadie osa recoger el látigo de Juvenal[164]. Luego nada, salvo algunos pasajes de Tertuliano[165] y de Oríge-

---

[160] Los versos son del poeta latino Horacio (cf. nota 155), en concreto de Epístolas II, 1, 156-157.

[161] «La Grecia conquistada subyugó a su feroz vencedor, e introdujo el amor a las artes en el grosero Lacio». (N. del A.)

[162] Cornelio Tácito (ca. 55-120), importante historiador romano. Fue también senador y cónsul del Imperio.

[163] Gayo Suetonio Tranquilo (ca. 70-126), historiador y biógrafo romano.

[164] Décimo Junio Juvenal (60-128), famoso poeta latino, autor de las *Sátiras*.

[165] Quinto Septimio Florente Tertuliano (ca. 160-ca. 220), uno de los «padres de la Iglesia» y prolífico escritor. Nacido en Cartago, es —junto con Orígenes— el único padre de la Iglesia no cano-

nes[166], que tienen todavía la llama del apostolado. Estos campeones del cristianismo naciente, todavía son superiores a sus sucesores, ya corrompidos, los procaces charlatanes de concilio, los frailes, fanáticos e ignorantes.

En la Edad Media quedó prohibido el pensamiento. Todo el arte fue reducido a la arquitectura religiosa. Pero conmociones políticas comienzan a bambolear la tiranía feudal, y he aquí una literatura que se forma: crónicas, novelas, poesías.

Sacudiendo el yugo del latín, Dante[167] intenta escribir en su lengua. Las ideas teológicas del republicano proscripto causan hoy risa; pero la forma de la obra perdura y es muy superior a las frivolidades y simplezas de los poetas cortesanos de un León X[168] o de un Alfonso de Este[169].

Villon[170], el pillete murmurador y ladrón, y Rabelais[171],

---

nizado.

[166] Orígenes (185-254), uno de los «padres de la Iglesia» y pilar de la teología cristiana.

[167] Dante Alighieri (1265-1321), poeta italiano, autor de la *Divina comedia*, considerada una de las cumbres de la literatura italiana.

[168] León X (1475-1521), Papa n° 217 de la Iglesia católica, cuyo pontificado duró desde 1513 hasta su muerte.

[169] Alfonso I de Este (1476-1534), noble italiano, duque de Ferrara, de Módena y de Reggio.

[170] François de Montcorbier o de Loges (ca. 1431-1463), llamado François Villon; poeta francés.

[171] François Rabelais (ca. 1494-1553), escritor, humanista y médico

el cura anarquista, ¿no son superiores a Boileau[172]?

La Reforma y el Renacimiento dan a Europa nueva vida. Las repúblicas italianas desbordan legiones de gloriosos artistas, que tratan de igual a igual a los reyes, a los emperadores y a los papas.

En los libres municipios de Flandes, al abrigo de las brutalidades feudales, audaces pintores osan reproducir la vida como es. ¡Nada de vírgenes cloróticas ni de arcángeles anémicos! ¡Paso a la sangre plebeya, a las carnes mórbidas, vivientes y rosáceas de Rubens y Rembrandt!

Richelieu[173], que se alababa de proteger las artes, no pudo sufrir a Corneille[174]. Los inflamados versos del viejo poeta sonaban en los oídos del cardenal como una evocación de la república romana, peligrosa para la fe monárquica. La Academia gustábale más, con su cortejo de nulidades oficiales: Conrart[175], Chapelain[176], Desmarets[177],

---

francés, autor de las novelas de Gargantúa y Pantagruel.

[172] Nicolás Boileau-Despréaux (1636-1711), poeta y crítico francés, representante en su época de la estética clásica.

[173] Armand Jean du Plessis (1585-1642), cardenal-duque de Richelieu y duque de Fronsac; cardenal, noble y estadista francés, llegó a ser primer ministro del rey Luis XIII.

[174] Cf. nota 119.

[175] Valentin Conrart (1603-1675), literato francés, iniciador del proyecto de la Academia francesa.

[176] Jean Chapelain (1595-1674), poeta y escritor francés.

[177] Jean Desmarets de Saint-Sorlin (1595-1676), poeta y dramatur-

Boisrobert[178].

Luis XIV quiso reforzar su corte creando una corte inferior y pensionó a los hombres de pluma casi igual que a los criados. Mientras el bueno de La Fontaine[179], viviendo prudentemente lejos del rey-sol, ponía en boca de los animales lo que un hombre no hubiera osado decir: «*Nuestro enemigo es nuestro maestro*», y Molière[180], filósofo melancólico y burlesco, veía al hombre con sus vicios y sus ridiculeces, allí donde el armonioso Racine[181] no veía más que cortesanos de Versalles transformados en griegos y en romanos, un pedante enfadoso y displicente, Despréaux[182], que pudo contentarse siendo un buen crítico, creyó un deber formular las reglas del arte de escribir.

---

go francés.

178 François Le Métel de Boisrobert (1592-1662), poeta y dramaturgo francés.

179 Jean de La Fontaine (1621-1695), destacado escritor francés, conocido principalmente por sus *Fábulas*.

180 Jean-Baptiste Poquelin, llamado Molière (1622-1673), dramaturgo, comediógrafo y humorista francés. Es considerado una de las cumbres de la literatura francesa.

181 Jean Racine (1639-1699), dramaturgo francés, principalmente de obras trágicas. Es considerado uno de los mayores dramaturgos en lengua francesa.

182 Cf. nota 172. Boileau-Despréaux participó en la conocida disputa literaria *entre los Antiguos y los Modernos*, acaecida en la Academia francesa a finales del s. XVII, siendo el principal valedor de los *Antiguos*.

¡Figuraos algo tan intangible como el pensamiento, tan sutil como la inspiración sometido a reglas, cargado de cadenas! ¡Queda prohibido volar con las propias alas! ¡Atrás los adjetivos vulgares, las palabras groseras: paso al estilo noble! ¡Atrás la imaginación, la audacia, el capricho: paso a la unidad de acción, de tiempo y de lugar! ¡Arrepentíos, Ariosto[183], Camões[184], Ercilla[185]; arrodíllate tú, Shakespeare, que imaginas que es permitido tener genio a despecho de los legisladores del arte! Pero, ¿quién se digna hablar de Shakespeare? Y Valmiki[186], ¿se sabe si ha escrito el *Ramayana*?

Lo propio del genio es elevarse por encima de todas las reglas; los Aristarcos[187] sólo han engendrado una multitud de miserables copistas.

Después de la muerte del Gran Rey[188], hubo en Francia

---

[183] Ludovico Ariosto (1474-1533), poeta italiano, autor del poema épico *Orlando furioso*.

[184] Luís Vaz de Camões (ca. 1524-1580), escritor y poeta portugués, uno de los mayores poetas de la lengua portuguesa y autor de *Os Lusíadas*.

[185] Alonso de Ercilla y Zúñiga (1533-1594), poeta español, autor de *La Araucana*.

[186] Valmiki es un legendario sabio hindú al que la tradición considera autor de la epopeya *Ramayana*, datada en el s. III a. C.

[187] Aristarco de Samotracia (ca. 216-ca. 144 a. C.), filólogo y gramático griego de la época helenística, perteneciente a la escuela alejandrina.

[188] Luis XIV. Cf. nota 42.

una época de sosiego. Todo el mundo quería vivir y hasta casi hubo el derecho de pensar. La idea comenzó a desprenderse de la forma; se interrogó menos a los maestros y más a la Naturaleza. Resultado: Montesquieu[189], Voltaire[190], Rousseau[191] y Diderot[192].

Bajo Napoleón I hubo para la palabra una mordaza, para el pensamiento un apagador. Los poetas no podían más que celebrar los laureles de Belona[193]; los discípulos de David[194] pintaban romanos. Bellas artes, literatura, poesía, todo fue afectado, contrahecho, atroz.

---

[189] Charles Louis de Secondant, Barón de Montesquieu (1689-1755), filósofo y pensador político francés de la Ilustración. Es conocido principalmente por su teoría de la separación de los poderes ejecutivo, legislativo y judicial.

[190] François-Marie Arouet, conocido como Voltaire (1694-1778), escritor, historiador y filósofo francés de la Ilustración, muy conocido por sus ideas anticlericales.

[191] Jean-Jacques Rousseau (1712-1778), escritor, filósofo, músico y naturalista suizo. Sus ideas políticas, en buena medida contenidas en *El contrato social* fueron muy influyentes en la Revolución Francesa.

[192] Denis Diderot (1713-1784), escritor, filósofo y enciclopedista francés de la Ilustración.

[193] Belona era la diosa romana de la guerra (en latín, *bellum*), hija de Forcis y Ceto, y esposa de Marte. Equivalente a la diosa griega Enio.

[194] Jacques-Louis David (1748-1825), influyente pintor neoclásico francés.

La Restauración aumentó la sombra. El padre Loriquet[195], jesuita, escribió la historia, y Cuvier[196] se encargó de realizar el maridaje entre la ciencia y la Biblia. Sólo un hombre, Paul-Louis Courier[197], enloquecido por la indignación, se elevo en el libelo a la elocuencia de Juvenal.

Pero el siglo XIX rompe sus andadores. Se llega al 1830. En todas partes se desborda el anhelo de libertad. Guiada por un genio —Víctor Hugo—, una pléyade de hombres de talento declara la guerra a los clásicos: «¡Abajo Despréaux! ¡Abajo el tunante de Racine! ¡Abajo los académicos!» Y los Gautier[198], los Banville[199], los Musset[200], los

---

[195] Jean Nicolas Loriquet (1760-1845), teólogo e historiador francés, jesuita. Después de la revolución de 1830, y disuelta la congregación, huyó a Suiza.

[196] Georges Cuvier (1769-1832), naturalista francés, uno de los padres de la anatomía comparada y la paleontología. Malato se refiere a su teoría del «catastrofismo» que trataba de conjugar el principio observado de la sucesión faunística que aportaba la naciente paleontología con el «fijismo» previo a las teorías evolutivas, apelando a sucesivas catástrofes naturales, como el diluvio bíblico.

[197] Paul-Louis Courier (1772-1825), escritor francés, muy conocido en la época por sus agudos panfletos.

[198] Théophile Gautier (1811-1872), poeta, dramaturgo, novelista y crítico literario francés. Defensor del romanticismo, pero con influencias simbolistas y modernistas, acabará fundando el movimiento del parnasianismo.

[199] Théodore de Banville (1823-1891), poeta, dramaturgo y crítico literario francés; su obra se encuadra en el romanticismo, siendo

Barbey d'Aurevilly[201], los Méry[202], los Sandeau[203], los Dumas[204], brillan de repente en la novela, en la crítica, en el teatro, destruyendo los ídolos viejos, trazando nuevas vías, mientras los escritores socialistas emprenden con ardor la crítica de la sociedad vieja, y Heine[205], este alemán tan francés y tan parisién, revolucionario a pesar suyo, acribilla con la metralla de su espíritu mordaz a los políticos de Francia, a los patrioteros de Alemania, y saluda al comunismo[206].

El día 2 de diciembre[207] señala un retroceso. Napoleón

---

precursor del parnasianismo.

[200] Cf. nota 111.

[201] Jules Barbey d'Aurevilly (1808-1889), escritor y periodista francés.

[202] Joseph Méry (1797-1866), periodista, poeta, autor dramático y libretista francés.

[203] Leonard Sylvain Julien Sandeau, conocido como Jules Sandeau (1811-1883), novelista francés.

[204] Alexandre Dumas, padre, (1802-1870), afamado novelista y dramaturgo francés. Su hijo de igual nombre (1824-1895) también fue un conocido novelista.

[205] Heinrich Heine (1797-1856), poeta y ensayista alemán; considerado el último poeta del romanticismo.

[206] Especialmente en el prefacio de *Lutecio*. (N. del A.)

[207] El 2 de diciembre de 1851 Luis Napoleón (después Napoleón III Bonaparte; cf. nota 97) da un golpe de estado, y tras un largo proceso y varios plebiscitos, en diciembre de 1852 declara el Se-

III, como buen tirano, proscribe el pensamiento. Bajo su reinado, la novela es nula (Montépin[208] reemplaza a Balzac[209]), el periodismo decae, el teatro vuelve a las representaciones de magia y a las exhibiciones de la carne.

¿Qué es ese estribillo de opereta que llega a vuestros oídos? A los aplausos de espectadores, coronados dos hombres revolucionarios a su modo, se burlan de los reyes y los dioses con música de Offenbach[210]. Dejad que griten los rigoristas; esta locura despertará el buen sentido; la risa resucitará el espíritu y con el espíritu la dignidad. La sátira va a convertirse en libelo. En los últimos años del imperio sopla por todas partes el espíritu de revuelta traducido por el pincel, el lápiz y la pluma. Rochefort enciende su linterna[211]; veinte periódicos desmoronan el poder con la agu-

---

gundo Imperio Francés y se proclama emperador.

[208] Xavier de Montépin (1823-1902), popular novelista francés.

[209] Honoré de Balzac (1799-1850), novelista francés, uno de los máximos representantes del realismo.

[210] Jacques Offenbach (1819-1880), compositor y violonchelista judeoalemán, convertido al catolicismo y nacionalizado francés; creador de la opereta moderna.

[211] Henri Rochefort, periodista francés (cf. nota 12). Fundó en 1868, tras ser expulsado de «Le Figaro», el periódico «La linterna» (*La Lanterne*). Tras sufrir una condena de un año de prisión y la intervención del periódico, trasladó su edición a Bruselas, desde donde se introducía de contrabando en Francia. Llegó a imprimirse en francés, inglés, español, alemán e italiano, con amplia difusión en toda Europa.

deza de sus ataques.

Finalmente, caen el imperio, la censura y los tribunales. Parece que el arte va a ser libertado. Pero no, no es ésta la verdadera revolución; sólo los hombres han cambiado. Pero no importa; una ráfaga de aire fresco ha pasado por las imaginaciones aturdidas. A pesar de la caída de la Comuna, que contaba con tantos talentos, el pintor Courbet[212], el poeta Vermesch[213], el cancionero Pottier[214], el realista Vallès[215], el romántico Pyat[216], el sincero Vermorel[217], el elegante Grousset[218]; a pesar de la represión, del estado de sitio, del retroceso ofensivo a la literatura venal, la gente se separa de los viejos ídolos. Se comenta a Darwin, se lee a

---

[212] Gustave Courbet (1819-1877), pintor francés, máximo exponente del realismo. Comprometido en política y cercano al socialismo revolucionario.

[213] Eugène Vermersch (1845-1878), polemista socialista de la Comuna de París.

[214] Eugène Pottier (1816-1887), revolucionario y escritor francés; autor de la letra de *La Internacional*.

[215] Jules Vallès (1832-1885), periodista, escritor y político francés de extrema izquierda; participó en la Comuna de 1871.

[216] Félix Pyat (1810-1889), político, periodista y dramaturgo francés.

[217] Auguste-Jean-Marie Vermorel (1841-1871), político socialista francés; una de las personalidades de la Comuna de París.

[218] Paschal Grousset (1844-1909), periodista, escritor y político francés; participó activamente en la Comuna.

Büchner, se renuncia a la fría pesadez antiestética y se busca el arte en la vida y la ciencia en la observación. Zola[219] y los naturalistas entablan una guerra a muerte con los románticos, y a sus golpes cae la hojarasca de una literatura sin ideal. Demoledores ante todo, manejan la pluma brutalmente, como un mazo: se vive todavía en una época de transición. Sólo la libertad puede permitir al arte todo su desenvolvimiento vulgarizándolo entre las masas. Mañana, cuando el arte sea verdaderamente popular y accesible a todos, brillará con más fulgor que nunca.

Ciertamente, en los comienzos de la revolución social, la satisfacción de las necesidades vitales tanto tiempo desatendidas, eclipsará todas las aspiraciones estéticas. Precisará asegurar el pan y el alojamiento, procurar por el provenir y consolidar la obra realizada, antes de soñar en lo brillante y lo superfluo. Pero tened entendido que lo brillante y lo superfluo se convertirá también en una necesidad. Los proletarios, separados hasta ahora de todas las distracciones intelectuales, condenamos a la taberna porque el arte no ha sido puesto a su alcance, una vez convertidos de bestias de carga en hombres pensantes, no irán a la zaga de los burgueses[220].

---

[219] Émile Zola (1840-1902), escritor francés; se le considera el padre y el mejor representante del naturalismo. Tuvo un papel relevante en la revisión del «caso Dreyfus» (cf. nota 13), que le costó el exilio.

[220] Actualmente la miseria obliga a las familias pobres a entregar a sus hijos antes de la edad a cualquier oficio, sin ninguna voca-

Lo mismo ocurrirá respecto de las ciencias. No se me arguya con el ejemplo de algunos príncipes filósofos que cuentan con sabios en su camarilla; sueltos estos sabios hubiesen sido de más utilidad. ¿Hay que recordar el gran número de inventores desconocidos, rechazados por la rutina de los cuerpos oficiales: Jacquard[221], Cugnot[222], Fulton[223], los Colón, los Vesalio[224], los Palissy[225] y los Galileo, perse-

---

ción. De estas desgraciadas criaturas se apodera el odio a la industria a que se les sujeta. ¿Qué cuidados puede aportar a su oficio el aprendiz de cerrajero que contemplando una estatua o un cuadro ha sentido revelarse en él el gusto y la afición a las bellas artes, mientras que otro niño, llevado a la escuela de dibujo, no será más que un artista mediocre, pudiendo ser un excelente cerrajero? ¡Qué de fuerzas, de talentos inutilizados, contrariados, perdidos! (N. del A.)

[221] Joseph Marie Jacquard (1752-1834), inventor francés; entre otros ingenios, a él se debe el telar semiautomático.

[222] Nicolas-Joseph Cugnot (1725-1804), ingeniero militar e inventor francés; se le atribuye el primer automóvil, propulsado a vapor (aunque es cuestión disputada).

[223] Cf. nota 108.

[224] Andrés Vesalio (Andries van Wesel, 1514-1564), investigador médico belga, autor del *De humani corporis fabrica*, uno de los libros más influyentes de anatomía humana.

[225] Bernard Palissy (1510-1590), francés, un hombre del Renacimiento que desarrolló diversas artes y oficios. Es conocido principalmente como ceramista, pues tras años de intentos frustrados logró crear una loza esmaltada similar a la porcelana china.

guidos, y otros, como Cuvier, que han querido conciliar lo que es inconciliable, la ciencia y la fe? La ignorancia de las masas es la principal fuerza de los gobernantes. En todo tiempo la gran cuestión ha sido arrebatar al pueblo el conocimiento del saber humano. ¡Profano quien osa echar una ojeada sobre la misteriosa Naturaleza!... Los sacerdotes de Egipto y de Caldea, los brahmanes de la India, han preferido dejar que se pierdan tesoros de conocimientos, antes que de ellos se aprovechara la humanidad. La ciencia, en lo sucesivo, debe ser vulgarizada, porque si continúa siendo patrimonio de un reducido número, no tardará en crearse una aristocracia. Así se han creado la mayor parte de las religiones y de las castas.

En una sociedad comunista-anarquista la libertad de pensar y decir, la certidumbre de que no faltará lo necesario durante el periodo de estudio y de experimentación, la facultad de procurarse instrumentos especiales, hoy muy costosos, y mañana, puestos a disposición de todos, harán dar a la ciencia pasos de gigante.

XI

ALGUNAS ANTíTESIS: DERECHO Y LEY — SUFRAGIO Y DELEGACIÓN — LIBERTAD E IDENTIDAD — INICIATIVA Y AUTORIDAD

Nada es tan frecuente como ver a la masa juzgando las apariencias, confundir ideas en realidad muy contradictorias.

El *derecho* es la negación de la *ley*. El primero dimana de la naturaleza; la segunda del capricho de un señor. El derecho, resultante del modo y la manera de ser de los individuos, es imprescriptible e inalienable: es inherente a la humanidad. Dentro de mil años, como hoy, como en otro tiempo, todos los hombres tendrán el derecho de vivir y ser libres.

Entre los lapones, como entre los franceses y entre los chinos, todos, a despecho de leyes más o menos extravagantes, tiene el derecho de comer, de vestir y guarecerse, y mientras la ley prohíbe al desgraciado vagabundo aplacar el hambre con los productos de la tierra, y reposar su cuerpo sobre la misma tierra, el derecho le dice: «¡Come y duerme!»

El derecho es la negación de la ley humana, porque es la afirmación de la ley natural.

Las leyes naturales, a las que vivimos sujetos y que nos han hecho como somos, han dado al hombre un estómago —y tiene el derecho a comer—, un cerebro —y tiene el derecho a pensar—, varios sentidos —y tienen el derecho de amar.

El derecho es justo porque es esencialmente humano. La ley, al contrario, es esencialmente tiránica, porque la han hecho unos hombres contra otros hombres. Todo individuo de espíritu sano conoce, siente su *derecho*; pero las leyes, frecuentemente obscuras y contradictorias, no son más que la expresión de una voluntad despótica, sea la de un soberano, sea la de una asamblea. Tiberio[226], Nerón[227], Alejandro VI[228], Luis XIV y Bonaparte, han hecho leyes. Las leyes de Luis Felipe[229] proscribían a los bonapartistas y a los republicanos; las leyes del segundo imperio proscribían a los republicanos y a los orleanistas[230]; las leyes de la tercera República proscriben a los príncipes de Orleans y a

---

[226] Tiberio Julio César Augusto, nacido Tiberio Claudio Nerón (42 a. C.-37 d. C.), segundo emperador de Roma, desde el año 14 hasta su muerte.

[227] Nerón Claudio César Augusto Germánico (37-68), emperador romano desde el año 54 hasta su muerte, el último de la dinastía Julio-Claudia.

[228] Alejandro VI, nacido Rodrigo de Borgia (1431-1503), papa n° 214 de la Iglesia católica; su pontificado abarcó desde 1492 hasta su muerte. Llevó los Estados Pontificios a su mayor extensión territorial.

[229] Cf. nota 96.

[230] Partidarios de la Casa de Orleans, del rey Luis Felipe I, y con posterioridad de su nieto, el pretendiente al trono Felipe de Orleans.

los Bonapartes[231]. Entre todas estas leyes contradictorias ¿dónde están las verdaderas, las justas, las respetables? Es cuestión de apreciación, de oportunidad.

En nuestra sociedad, acribillada de leyes, el derecho está desconocido en todas partes. En una sociedad libre, respetuosa del derecho de todos, la ley despótica debe ceder su puesto al contrato siempre modificable y revocable, a las decisiones tomadas de común acuerdo.

Esto nos conduce a la cuestión del sufragio universal. ¿Es justo que la voluntad del mayor número se imponga?

Por lo pronto señalaremos lo absurdo de la pretensión de que el número tenga nada que ver con la lógica. Muy al contrario; en la larga historia de la humanidad, todos los progresos han sido conquistados en ardiente lucha sostenida por las minorías. Colón era minoría cuando afirmaba la existencia de un nuevo mundo; Galileo era minoría cuando atestiguaba el movimiento de la tierra; Babeuf, proclamando el derecho a la vida, era minoría, y los anarquistas, que son ciertamente la palabra del provenir, son actualmente minoría.

El sufragio universal, pues, nada tiene que ver en las cuestiones de filosofía o de ciencia.

¿En las cuestiones políticas no se le ha visto aclamar sucesivamente la realeza, el Imperio y la República? Además, los trabajadores no viven en la política, antes al con-

---

[231] Es decir las últimas dos dinastías de monarcas franceses: la Casa de Orleans, con Luis Felipe I durante la Restauración, y los Bonaparte, con Napoleón III durante el Segundo Imperio.

trario, mueren por ella; su papel debe ser el de suprimirla.

Sin embargo, hay un punto que sólo el sufragio universal puede decidir: es el relativo a las cuestiones primordiales que afectan a la vida cotidiana de todos; la disminución del trabajo, la producción, el cambio, el reparto de los productos, la alimentación, el alojamiento. Ante estas cuestiones, hasta la gente más sencilla comprende sus intereses, y como los intereses de cada uno deben en una sociedad comunista identificarse con los intereses de todos, no pueden temerse esas divisiones profundas de la opinión, esas pequeñeces, esas intrigas que en las asambleas parlamentarias impiden toda reforma. Más claro: no hay medios mejores para darse cuenta de las necesidades de una sociedad que consultar a cada uno de sus miembros. Asegurar que no ocurrirán algunos choques, es aventurado, pero aun en este caso el remedio está en la misma libertad. Los descontentos gozarán de perfecta independencia para separarse de las agrupaciones, cuyo espíritu les disgusta, y asociarse a los ciudadanos que expresen idénticas opiniones.

El sufragio es la libertad del ciudadano para arreglar sus asuntos dentro de la *cosa pública*. ¿Por qué monstruosa aberración ha podido ser confundido este sufragio con la *delegación de poder* que usurpa a los ciudadanos su soberanía para concedérsela a un corto número de individuos?

Precisamente, en nombre de su soberanía, el pueblo no debe darse esos amos, llamados representares, que le gobiernan a su antojo.

¡Qué triste es oír al elector de Bonaparte, de Thiers[232] o de Ferri[233], decir con orgullo: «Yo soy soberano» ¡Ah, no; tú no eres más que un pobre esclavo!

Es imposible definir en sus detalles lo que será la sociedad de mañana, pues no se deja entrever más que a grandes rasgos. Sin embargo, se puede afirmar audazmente que la Cámara de Diputados y el Senado desaparecerán, como desaparecieron los antiguos parlamentos que, bajo la monarquía absoluta, podía ser un paliativo, pero jamás un freno para las arbitrariedades reales. Las agrupaciones y corporaciones constituyendo el municipio, gozarán la plenitud de su vida y elaborarán contratos y decisiones, medidas de interés general, en una palabra todo cuanto concierne a la vida social.

¿Una sociedad libre podrá ser igualitaria? Libertad e igualdad: ¿estas dos ideas son incompatibles?

Incompatibles, sí, evidentemente, si por igualdad se entiende identidad. Ciertos socialistas, llevando el espíritu de sistema a los límites de lo increíble, quisieran que todos, comiendo a la misma mesa, consumieran la misma cantidad y calidad de manjares, vistieran los mismos trajes, tuvieran idéntico alojamiento y análogo mobiliario.

---

[232] Adolphe Thiers (1797-1877), historiador y político francés. Varias veces primer ministro bajo el reinado de Luis Felipe; posteriormente sería el presidente provisional de la Tercera República que ordenó la supresión de la Comuna de París en 1871.

[233] Paul Félix Ferri-Pisani (1770-1846), político corso en época del Primer Imperio Francés.

Da pena pensar en semejante fanatismo. Si tal género de vida prevaleciera, no tardaría el cansancio en apoderarse de la humanidad, y el suicidio sería su gran refugio.

Pero los hombres dotados de sentido no pueden entender por igualdad la igualdad física, intelectual y moral que reducirían nuestra especie a un solo hombre con una tirada de millones de ejemplares. Esto sería la muerte del progreso, que sólo se alimenta del choque de las ideas y de los esfuerzos.

Por igualdad se entiende, entre los anarquistas, la igualdad social. Todos los seres humanos tienen el mismo derecho a la posesión de la riqueza colectiva y el mismo deber a contribuir a su producción. No se trata de una cuestión de igualdad política, porque la política desaparecerá con sus mentiras; ni de igualdad civil, porque las leyes y los códigos cesarán de regir ante una humanidad libre.

La mujer no tendrá que agitarse para conseguir sus derechos. Nada de parlamentos, ni de mujeres electoras y elegibles. Nada de leyes y de reivindicación en favor de la igualdad civil de los sexos.

Un zapatero será tanto como una institutriz, y una modista tanto como un astrónomo. Ninguna diferencia habrá entre sus funciones. No habrá ni comandantes ni subordinados: será la verdadera armonía basada sobre la libertad individual y la igualdad social.

Sin embargo, muchos, juzgando por la apatía actual de las masas, temen que la desaparición de un gobierno encargado de pensar por el pueblo, entrañe el debilitamiento de la actividad humana.

Esta actividad, sin la cual caeríamos en la inmovilidad de los antiguos pueblos de Oriente, se manifestará, al contrario, más intensamente cuando se libre de las trabas de un poder que se esfuerza en absorberla, concentrando todas las fuerzas vivas de la sociedad.

¿No ha sido hasta ahora el papel de los gobiernos servir, no de estimulante, sino de freno?

Los individuos libres arrojando al viento sus ideas, impulsando a la masa; la actividad incesante, no ya de algunos directores, sino de millones de ciudadanos; he aquí la garantía que la anarquía dará al progreso humano[234].

El espíritu de iniciativa de un individuo puede, verdaderamente, trasformarse de un modo insensible en espíritu de autoridad. El correctivo, el remedio todopoderoso reside justamente en el espíritu de iniciativa de todos.

Gracias a esta constante emulación, el hombre crecerá en valor, sin ser por esto el tirano de sus semejantes.

---

[234] En esta sociedad es evidente que la prensa desempeñará un importantísimo papel. Ella será la que, recogiendo y concentrando las ideas esparcidas en las muchedumbres, servirá de gran motor, y su acción, dirigida exclusivamente hacia las empresas útiles, no será temible, porque no habrá política, numerario, ni gobierno. ¡Qué diferencia con el periodismo actual, en el que la sinceridad y el talento no pueden ser más que una excepción! (N. del A.)

XII

NUEVO ORGANISMO — LAS AFINIDADES

En estos momentos el mundo de la política se desploma y el mundo del trabajo se crea.

Senado, Cámara de Diputados, Consejos municipales y generales, Presidencia de la República, Ministerios, Consejo de Estado, todo este engranaje de una sociedad gastada se detiene; ha pasado su época y ninguna aspiración llenan en la vida pública; si algo se hace es sin ellos o a pesar de ellos.

Estos majestuosos organismos, convertidos en verdaderas superfluidades, se han quedado sin base y se hundirán al primer choque.

¡Qué signo de los tiempos cuando se oye al inculto campesino (que en su ignorancia aplastaría a un anarquista) llamar asnos a los ministros y cerdos a los senadores, al mismo tiempo que se ve al obrero de las capitales inclinado a politiquear, remedando vilmente a los diputados para cobrar como ellos los veinticinco francos de dietas!

La política es una vieja prostituta que quiere, pero no puede hacerse pasar por virgen. Mientras el régimen de castas, abolido nominalmente por la gran revolución subsista, y la burguesía sea implícitamente considerada como el centro y el corazón de la nación, las instituciones burguesas tendrán razón de ser. Pero he aquí que el proletariado, de día en día más numeroso y consciente, rechaza a su vez a la burguesía como esta rechazó a la nobleza. Las instituciones de la burguesía no pueden convenir al proletariado, y se hundirán con la clase de que dimanan.

Los burgueses que viven sin trabajar hacen abogados que venden su palabra, y hacen diputados. Los diputados a su vez hacen senadores y ministros. Los proletarios, que no tienen tiempo ni dinero, ni instrucción, casi no entran en este Olimpo, y cuando entran es para corromperse.

Se comprende que así sea; cogidos en el engranaje diputados, senadores y ministros, forzosamente reciben la influencia del medio en que viven. Y helos aquí, que a pesar de sus resoluciones primitivas, obligados a vivir de la intriga constantemente, de charlatanerías, de cábalas de pasillo, subordinan sus proyectos a las coaliciones de los grupos. Los proyectos serios y beneficiosos son abandonados en las secretarías, en las oficinas, y por consiguiente, todo se detiene y se deforma[235].

Las agrupaciones obreras, los sindicatos y las corpora-

---

[235] Una prueba, entre muchas, de esta impotencia, es la situación de anulación, penosa aun para sus adversarios, en la cual se han hallado tres líderes socialistas considerados de gran categoría: Granger, Lafargue y Guesde. El primero, poderoso organizador del antiguo partido *blanquista*, se retiró de la vida política descorazonado. El segundo, sabio concienzudo, se hizo dar demasiada importancia por el clerical conde de Mun, y Guesde, el infatigable importador y propagandista del marxismo en Francia, no aparece por el Parlamento más que por dejar que abofetee sus prestigios el *izquierdista* Jaurés, notable orador sin convicciones, y abdicar la dirección de su partido en el radical socialista Millerand, jefe indicado del futuro gabinete socialista. (N. del A., 1897)

ciones, acabarán un día con la potencia burguesa. Pero trocar un despotismo por otro sería una verdadera necedad; nadie es más opresor que esos seres que suben de la nada. Reemplazar la autoridad del parlamento por la de un Consejo sindical no puede ser la aspiración de los trabajadores que desean emanciparse. Si estos dejan que algunos delegados se erijan en jefes o en amos, están perdidos. El poder que comienza siendo pequeño aumentará, el tiempo consagrará las usurpaciones y se creará una nueva jerarquía que vendrá a destruir la igualdad social.

Se dice que en la piel de cada francés hay un funcionario que duerme. ¿Quién nos dice que en la piel de muchos revolucionarios no haya un opresor del mañana? No se trata, pues, de reemplazar la opresión, sino de destruirla.

La agrupación de todos los esfuerzos es necesaria para la lucha, tanto como para asegurar al día siguiente el funcionamiento de la máquina social.

Pero, ¿cómo debe efectuarse esta agrupación?

—Según las necesidades —dicen los autoritarios.

—Según las afinidades —responden los anarquistas.

Las necesidades no pueden violentarse, esto es evidente; pero si bajo el pretexto de la necesidad, se aglomeran los elementos más heterogéneos, se crea algo que tiene no sé qué de híbrido, sujeto a constantes conmociones, estrujado en todos sentidos, e incapaz para un esfuerzo común.

Las agrupaciones operadas sin criterio se disuelven rápidamente. Sólo las agrupaciones basadas sobre un fin común, la simpatía y la estrecha solidaridad de intereses pueden resistir al tiempo y a los obstáculos.

Esto explica por qué la unión de revolucionarios de diferentes escuelas deseada, sin embargo, por un gran número, ha sido siempre imposible, porque cada uno tiraba de su lado, en el sentido de sus ideas y de sus preferencias teóricas, mientras que la unión de ciertas pequeñas agrupaciones, fundada sobre la inteligencia absoluta y la amistad, ha sido siempre inquebrantable.

Seguramente la subversión revolucionaria conducirá a disparatadas coaliciones, a singulares alianzas, pero estas coaliciones y estas alianzas se disiparán con los acontecimientos que las originaron y el individuo recuperará su libertad para asociarse a aquellos cuyo carácter y género de vida le guste más.

La agrupación corporativa es hoy una necesidad, pero hay que desear que sea transitoria. Lleva en sí el germen de una autoridad peligrosa si no se la detiene a tiempo. La humanidad en los umbrales del siglo XX no puede regresar al sistema social de la Edad Media. Pero mientras tanto, las agrupaciones obreras deben tomar la dirección de sus asuntos y no abandonar a sus comisiones y delegaciones sindicales más que las cuestiones de detalle y de ordenación imposibles de tratar en asambleas generales. Durante el periodo revolucionario los más conscientes tendrán que vigilar a quienes, a pretexto del buen orden y de la división del trabajo, traten de sustituir el antiguo con un nuevo funcionarismo. Por otra parte, la socialización de las fuerzas productoras tendrá por efecto multiplicar prodigiosamente la riqueza puesta al alcance de todos. En esta sociedad toda reglamentación será útil y las asociaciones autoritarias cederán su puesto a las agrupaciones libres, que serán la base del municipio anarquista.

XIII
DESENVOLVIMIENTO DE LA HUMANIDAD

En el presente están los gérmenes del provenir. En la época en que la tierra en estado ígneo flotaba en el espacio, contenía ya todos los elementos de su futura vida geológica.

¡Qué de fases recorridas! Millones de años y de siglos se reflejan como un resplandor en la negra pizarra de la eternidad.

¡Atrás las cosmogonías primitivas! ¡Atrás los Vedas, la Ilíada y la Biblia! He aquí la epopeya, según Darwin: el libro de la Naturaleza y de la humanidad.

El globo de fuego se ha enfriado, los vapores se han condensado, el astro luminoso ha muerto, se forma un planeta y las vacilantes llamas se convierten en olas de un océano sin límites.

En la profundidad de las aguas se elaboran los organismos. ¿Qué es esa gelatina amorfa[236] que tiembla a la luz del sol en la ribera? ¡Ah! Esta materia que vosotros desde-

---

[236] El *Bathibyus*, considerado como la forma primitiva y más rudimentaria de la materia animada. Es una masa gelatinosa de dimensiones extremadamente variables. Se la ha extraído en el Norte del Atlántico, en profundidades de cuatro a ocho mil metros, y nosotros hemos encontrado en las costas de Oubatdhe (Norte de Nueva Caledonia), un organismo protoplástico enteramente análogo al *bathibyus*. (N. del A.)

ñáis es el primer esbozo de los seres vivientes, y de modificación en modificación llegará hasta ti, hombre orgulloso. Donde comienza el movimiento comienza la vida.

De sucesivas combinaciones de la materia increada surgieron poco a poco vegetales, zoófitos, peces, reptiles, pájaros, mamíferos. La cadena de los seres se ramifica, se extiende y se perfecciona. ¡Humildes líquenes de los primeros tiempos, vosotros sois los padres de esplendidos helechos, de las palmeras de la edad de la hulla, y de nuestros robles y nuestros abetos! ¡Pterodáctilos, antepasados de nuestros murciélagos! ¡Ictiosauros, venerables padres de nuestros cocodrilos! ¡Mono, precursor del hombre!

¡Ah, sí! A despecho de la Biblia, que considerando extrañas las unas a las otras todas las partes del universo, admite a cada instante la intervención de una fuerza creadora que hace algo de la nada, todo ocurre del modo más sencillo del mundo: todo se transforma y nada se crea porque nada se destruye. La muerte no es más que el punto de partida de una nueva forma.

Del hombre al insecto, de la roca a la flor, del océano a la nube, todas las partes de la materia eterna se confunden y se completan, siendo solidarias unas de otras.

En todas partes, contra la fuerza de inercia —fuerza de reacción— obra la fuerza de movimiento —fuerza de progreso—. En lo moral, en lo intelectual, en lo fisiológico, como en lo físico —porque en el fondo todos estos mundos no son más que uno sólo, dominado por las mismas leyes— se libra el mismo combate. La reacción es la tierra negándole al árbol su savia, la corteza aprisionando al botón. El animal sufriendo su suerte con resignación, el hombre buscando el modelo en el pasado. El progreso es la vida circulando por todo, comunicándose de la tierra a la planta, haciendo surgir de las viejas cárceles destruidas nuevas germinaciones, alentando al ser organizado y dándole nuevas armas para el combate por la vida; es el hombre arrojando lejos de sí su rostro de animalidad, y que sin avergonzarse de su origen, busca el ideal en la negación del pasado.

En su marcha ascendente el progreso describe una inmensa espiral. A cada instante nuevos obstáculos parece que han de reducirle al punto de partida; pero después de estos retrocesos adquiere una nueva impulsión, gracias a la cual destruyen todo lo que parecía que iba a detenerle.

Los antropoides[237], que por ser los últimos en llegar son los más elevados y perfectos en la escala de los seres, se han diseminado. Su progenitura cubre toda la parte central del antiguo continente. Desde la costa del Océano indio, desde las mesetas del Irán y del Tíbet, numerosas familias emprenden la marcha en todos sentidos, y a cada etapa de la emigración los sedentarios se detienen y el clima, el alimento y las costumbres los diferencian. Cada va-

---

[237] Está admitido por la mayor parte de los sabios materialistas partidarios de las teorías darwinianas, que los hombres descienden, no de las variedades de monos que hoy conocemos, sino de un tronco de antropoides (*anthropos* hombre, *eidos* forma), del que han partido, diferenciándose cada vez más, las especies humana y simia. (N. del A.)

riedad animal se convierte en el tronco de muchas variedades humanas[238].

Al alejarse de las selvas, los cuadrumanos se han convertido poco a poco en bimanos; su torso se va irguiendo y caminan semiencorvados con las rodillas dobladas. Como las noches son frías en el valle, se abrigan bajo montones de ramas, esbozo de la cabaña humana. Los víveres son muy raros en el monte, y los montañeses hácense industriosos cazadores carnívoros y caníbales.

La India, esta tierra antigua entre todas, ha conservado el recuerdo del parentesco homosimio. En sus poblaciones y en sus templos los monos son acogidos como hermanos y venerados como antepasados. El poema más grande de la India, el *Ramayana*, consagra, en el abrazo de Rama y del mono Hánuman[239], el universal lazo de todos los seres vivientes.

Con el lenguaje articulado comenzó a elaborarse la humanidad. ¿Quién es ese ser, negro y velludo, que duerme en las cavernas y afronta las fieras con un hacha de piedra en la mano? Es el hombre prehistórico, salvaje, de cráneo

---

[238] Hoy día conocemos, más allá de cualquier duda, que el origen de los homínidos (término usual para lo que antes se denominaban *antropoides*) se sitúa en África, y no en Asia como aquí sostiene Malato. Sin embargo, no era asunto por completo dilucidado en época del autor.

[239] En la mitología hindú Hánuman es el dios mono, considerado una faceta del dios Shiva; es el fiel compañero del rey-dios Rama, uno de los avatares de Visnú.

deprimido y férreas mandíbulas, que devora cruda y sangrienta la carne de los de su especie. Es el reino de la violencia y de la fuerza ciega[240].

La ley de la lucha por la existencia crea incesantes combates. ¡Desgraciados los que se duermen! El adversario, fiera u hombre, está al acecho. El primer arte de la humanidad naciente es el arte de hacer flechas y hachas de sílex.

Los comienzos de la vida social se bosquejan: las familias se agrupan y se forman las tribus, diferenciándose sus funciones. Al hombre se le confía la guerra y la caza y a su compañera los cuidados íntimos. La esclavitud —domesticación del hombre más provechosa que la de los animales— reemplaza a la carnicería y la antropofagia. Comienza la explotación humana.

Con la mano de obra de la esclavitud, la cultura recibe un impulso, el comercio se propaga. La bestia humana de la edad paleolítica[241] ha desaparecido; artistas ignorados graban sobre los instrumentos de cuerno la imagen de los mamuts y de los rengíferos.

Las costumbres se han trocado en leyes y las leyes con-

---

[240] La visión del hombre paleolítico que nos transmite Malato está muy alejada de la concepción actual. No obstante, esta imagen de la prehistoria humana era la imperante en su época.

[241] *Paleos* antigua, *lithos* piedra (edad de la piedra en bruto). Las etapas de la humanidad anteriores a los tiempos históricos han sido divididas en: edad de la piedra en bruto, edad de la piedra pulimentada (neolítica), edad del bronce y edad del hierro. (N. del A.)

sagran en todas partes el imperio de la fuerza; la mujer será la propiedad de su marido, porque es más débil que él; la misma disposición subsiste entre los salvajes australianos y en el derecho romano, que rige todavía.

La mayor parte de las leyes son la consagración de antiguas costumbres: las costumbres del pasado no pueden convenir a lo futuro; luego sobran las leyes. La misma sociedad inferior que nos lega leyes, se crea y nos crea una religión. Ignorando la física, como todas las cosas, inventó un Dios, por miedo al trueno, y los intrigantes, los astutos, los poetas, que hacen hablar a este Dios, se apoderan de él para crear su dominación. De aquí el origen de las castas. La primera idea metafísica fue la destrucción de la igualdad humana.

Esto es tan cierto, que todos los grandes movimientos sociales, dando resultados emancipadores, se materializan cada vez más. El budismo y el cristianismo, populares en su origen, se esterilizan al contacto de los teólogos. El islamismo, mezclando a las elucubraciones religiosas un materialismo sensual, subleva el antiguo mundo y combate al cristianismo. Más atrevido que Wiclef[242], Juan Huss[243] y Ziska[244], el jefe de los campesinos, Münzer[245], proclama la

---

[242] Cf. nota 105.

[243] Jan Hus, o Juan Huss (ca. 1370-1415), teólogo y filósofo checo, considerado uno de los precursores de la Reforma protestante. Sus seguidores fueron conocidos como *husitas*.

[244] Jan Ziska (Jan Žižka, 1360-1424), general y estratega checo, seguidor de las ideas de Jan Hus.

igualdad y el comunismo. Completada por él, la Reforma es la revolución de los cerebros contra el dogma y de los pobres siervos contra los ricos obispos. La revolución inglesa[246] es la última en la que la idea religiosa juega un papel importante. La del 89[247] es un movimiento puramente político, realizado por la sociedad civil, obrando por propia cuenta. Hoy más que nunca, las nubes de la metafísica se disipan. La revolución social será la de los estómagos vacíos contra los estómagos hartos.

Desde su nacimiento, la humanidad está en rebeldía contra sí misma, y esta rebeldía perpetua es el factor más importante del progreso, costosamente conquistado, pero progreso al fin. Las sublevaciones, las guerras, fusionan los pueblos y rompen las barreras detrás de las cuales se atrincheraban las antiguas razas. Puestos violentamente en contacto arios, turonianos, semitas, camitas y negros, se mezclan y confunden en el gran torbellino de la humanidad.

---

[245] Hieronymus Münzer (1437-1508), humanista, médico y geógrafo alemán.

[246] Se conoce como Revolución Inglesa al periodo de la historia del Reino Unido comprendido entre 1642 y 1689, desde el fin del reinado de Carlos I de Inglaterra, pasando por la República y el Protectorado de Cromwell, y finalizando con la *Revolución Gloriosa* que destituyó a Jacobo II. La componente religiosa a la que Malato hace referencia es la dictadura de Cromwell y el movimiento de los *puritanos*.

[247] La Revolución Francesa, 1789.

Después del choque brutal se restablece la calma poco a poco; las fuerzas tienden a equilibrarse hasta que sobreviene una nueva fuerza y cambia el orden de cosas. En el Asia, hormiguero de pueblos y cuna de las religiones y castas, nacen razas superpuestas. ¡Shudras y vaishias, descendientes de los vencidos, vosotros trabajaréis para sostener en su soberbia abundancia a los brahmanes y a los chatrías[248]! ¡Los déspotas divinizados han conquistado a vuestros ascendientes; sufrid el yugo en espera de que en los siglos de los siglos el demócrata Buda intente emancipar a vuestros descendientes!

Pero mientras los indios adoran tantos dioses como tiranos tuvieron, los persas veneran el sol y los chinos sus dragones. Mientras los pastores de Caldea y de Egipto fundan la astronomía, los fenicios desafían los mares para procurarse ya no armas de piedra, sino metales, y los conquistadores de Nínive y Assur[249] instalan sobre espantosos holocaustos su omnipotencia; mientras hordas de bárbaros

---

[248] Se refiere Malato a las cuatro castas de la sociedad tradicional hindú. La casta superior es la de los *brahmanes* (sacerdotes) junto con los *chatrías* (militares y políticos). Las castas inferiores son las de los *vaishias* (comerciantes, agricultores, ganaderos), y por debajo de ella, la de los *shudras* (esclavos, peones y siervos). Más allá de estas cuatro castas, quedan los descastados o intocables, los *dalits* o parias.

[249] Dos importantes ciudades asirias de la antigüedad. Asiria toma su nombre precisamente de Assur, su primera capital. Las ruinas de ambas ciudades se encuentran en el actual Irak.

aúllan a las puertas del mundo nuevo, un pueblo diviniza la Naturaleza. Intrépidos y sonrientes como las olas de este mediterráneo en cuyas orillas se asientan, los griegos, raza vivificada por elementos extranjeros, escapan a la atmósfera de servidumbre que se respira por todas partes. En lugar de las enormes divinidades monolíticas que entristecen y abruman, colocan árboles, arroyuelos, flores. Los dioses que, por una aberración común a toda la antigüedad, se crean entonces, tienen al menos forma humana, y la vista fatigada de contemplar los bloques asirios, las monstruosas trinidades indias dotadas de miles de brazos y de cabezas, reposa sobre la Venus de Milo y el Apolo de Praxíteles[250].

En una época en que todo era barbarie o monocracia, los griegos lanzaron una palabra que les dio el primer lugar entre los pueblos de la antigüedad: «Libertad».

En la práctica fueron mercaderes astutos y rapaces, más celosos de su independencia que respetuosos de la de sus vecinos, sosteniendo por otra parte cuidadosamente la plaga que les legaron sus antepasados de la edad prehistórica; la esclavitud. Pero favorecieron la expansión del pensamiento, vivificaron el arte popularizándolo y, al contrario de los latinos centralizadores, se inspiraron frecuentemente en esta idea que, mejor comprendida, será la divisa del porvenir: *Autonomía, Federación*. Finalmente, muchos de los

---

[250] Dos de las obras cumbre de la escultura griega, una de la época clásica (el Apolo de Praxíteles, s. IV a. C.) y otra de época helenística (la Venus de Milo, s. II a. C.).

filósofos[251] entrevieron bajo una forma poco seductora, es verdad, la solidaridad de los intereses humanos: el comunismo.

El comunismo se bosqueja, sobre todo, entre los *bárbaros* del Norte. El mark germánico y el clan céltico son la forma rudimentaria de la asociación que hoy observamos en el *mir* ruso; agrupaciones de familias emparentadas, poseedores mancomunadamente de tierras baldías, campos, pantanos, prados, que se reparten periódicamente entre ellas las tierras cultivables. La propiedad no es acaparada por un solo dueño, como ocurre entre los patriarcas semitas y los cabezas de familia en los latinos; es accesible a todos. Nada de desgraciados reducidos a la desesperación por acreedores despiadados como en Roma. La buena o mala fortuna lo será para todos. Si la cosecha es abundante se distribuye entre todos; si una inundación destruye los campos, todos juntos, familias, *clases*, tribus, emprenden la marcha hacia las fértiles regiones del Mediodía.

Sin embargo, la conquista romana pone en comunicación todas las razas. La fusión de tantos elementos diversos se prepara, pero seguramente dará un terrible golpe al viejo mundo. El arte griego y el lujo asiático han muerto la sencillez primitiva de los latinos. La sordidez de los mercaderes cartagineses se ha comunicado a los hijos de Rómulo. Pero llega el verdadero enemigo, más peligroso, por cuanto se introduce silenciosa e inadvertidamente. Recogiendo todos los espíritus en rebelión, todas las aspiracio-

---

[251] Minos, Licurgo y Platón. (N. del A.)

nes confusas, todas las amarguras filosóficas, el cristianismo pasa de Oriente a Europa. Pertenece a la fuerte raza ju-
día que realizó la centralización de los dioses en uno solo,
y que debía dieciocho siglos más tarde realizar la de los
capitales y abatir el poderío de Roma, esta centralizadora
política por excelencia. Predicadores nazarenos y discípulos de Platón se coaligan contra las antiguas divinidades.

En dos siglos el cristianismo se ha infiltrado en África,
en Grecia, en Italia, y echa raíces en la Galia. El inmenso
pueblo de esclavos que había buscado en vano su emancipación en las revueltas, en Italia con Espartaco[252], en Sicilia
con Eunoo[253] y Atenión[254], experimenta una sacudida. ¡Ah!
¿Qué les importa a éstos las sutilezas teológicas? Los predicadores del Evangelio les gritan: «¡Igualdad!»: pues libertad. Y los campesinos galos se sublevan con Eliano[255] y

---

[252] Espartaco (113-71 a. C.) fue un esclavo tracio, cabecilla de la
rebelión más importante contra la República romana en suelo de
Italia, entre los años 73 y 71 a. C., conocida como III Guerra Servil
o Guerra de los Esclavos.

[253] Eunoo (muerto en 132 a. C.) fue un esclavo procedente de Siria
que lideró, junto con Cleón, el levantamiento de esclavos en Sicilia durante la llamada Primera Guerra Servil (135-132 a. C.).

[254] Atenión (muerto en 101 a. C.) fue un esclavo procedente de
Cilicia que lideró una revuelta de esclavos en Sicilia en 105 a. C.
soportando cuatro años de guerra contra los romanos, la II Guerra Servil.

[255] Pomponio Eliano, líder de una rebelión de *bagaudas* en la Galia, en tiempos del emperador Diocleciano.

Amando[256]. Pero, ¿qué quiere decir esto? Otros cristianos marchan contra ellos con César Maximiano; Mauricio, Víctor, Cándido, Exupero y todos los de la legión tebaica ¿están allí para combatirlos? ¡Oh, sí! Los grandes jefes del cristianismo se han arrodillado ante el César, asegurándole que no querían comprometer su autoridad: su reinado no es de este mundo. ¡Eterna cobardía de los innovadores que no osan llegar hasta el fin en las vías de la revuelta! ¡Cobardía que no impedirá al César decretar la muerte de estos soldados cristianos, de los que él desconfía y que presentan el cuello dócilmente! [257] Robespierre, el místico, debía también presentar el cuello en la plaza de la Revolución, mil quinientos años más tarde, después de haber

---

[256] Amando fue el líder de un revuelta de *bagaudas* en la Galia hacia el año 285, en tiempos de Diocleciano, conformada principalmente por esclavos fugitivos y campesinos arruinados.

[257] Según la hagiografía cristiana la *legión tebaica* o *legión tebana* fue una legión del ejército romano procedente de Tebas, en Egipto, cuyos oficiales se habían convertido al cristianismo. Los encabezaba Mauricio *el tebano*, junto con los demás líderes que cita Malato. La legión tebana fue convocada por los emperadores Maximiano y Diocleciano para luchar contra los burgundios en rebeldía, pero tras la negativa de los oficiales de la legión a enfrentarse contra otros cristianos, fueron masacrados en Agauno (actual San Mauricio, en el Valais, Suiza), siendo considerados desde entonces santos y mártires católicos. Es difícil saber si esta leyenda cristiana tiene su origen en algún hecho histórico.

inmolado en sus asesinatos a los mejores amigos del pueblo[258].

El cristianismo ha lanzado ya su grito asolador: «¡Resignación!» Grito fúnebre que repercutirá en la noche de la Edad Media y humillará a los desheredados, hasta que otra voz, la de la conciencia humana, les grite: «¡Revolución!» Traicionando la esperanza de las masas oprimidas, se alía con los Césares, perseguidores de la víspera, humillándose ante los bárbaros, los dominadores del mañana.

Este encuentro del cristianismo y los bárbaros fue uno de los más grandes acontecimientos históricos. Sin el cristianismo los bárbaros hubieran encontrado el imperio romano más fuerte, más apto para defenderse; sin los bárbaros, el cristianismo, diversamente interpretado por los filósofos, ya sofisticado por una multitud de doctores y obispos, hubiera peligrado o vegetado modestamente hasta el día en que se hubiera verificado su fusión con el paganismo. Pero he aquí que todo un mundo de salvajes, ignorantes y crédulos se precipita sobre Europa, y a medida que el peligro se aproxima los Césares bajan la voz, los obispos cristianos hacen un doble juego comprendiendo que entre las dos partes, romanos y bárbaros, su papel será el de árbitros, es decir, el de amos. Y helos aquí celosos defensores del imperio con los emperadores y celosos conversores con los bárbaros.

Llegaron al cumplimiento de sus fines: eliminaron al

---

[258] Se refiere el autor a los hechos del periodo de *El Terror*, durante la Revolución Francesa.

César, entronizando al imbécil Constantino en Bizancio, y se instalaron sólidamente en Roma. Después se entregaron a dividir[259] políticamente a los bárbaros y después de dividirlos los anularon y fundaron su reino temporal dominador de todos los otros.

Los dos movimientos más grandes de la antigüedad, el budismo y el cristianismo, comenzaron por medio de la rebelión, se continuaron por medio de la filosofía y terminaron en autocracia. Pero menos humanos que los sacerdotes asiáticos, los pontífices romanos hicieron pesar sobre Europa la más detestable de las tiranías: la de las conciencias.

En medio de estos acontecimientos, la esclavitud no se había modificado más que insensiblemente. Viviendo entre sus amos degenerados y las hordas salvajes, los esclavos, que representaban el número, hubiesen podido, con un poco de vigor, aplastar completamente a los primeros y detener a los segundos, o al menos tratar con ellos. ¡Momento solemne en la historia y que parece reproducirse ahora en que entre el viejo mundo latino y el mundo germánico, dispuestos a exterminarse, se levanta el socialismo internacional! Pero la esclavitud había enervado a esta muchedumbre, y más que la esclavitud el cristianismo; hablándole sin cesar de sumisión y de humildad, había roto en ella todo resorte. Sufría casi sin resistencia el yugo de sus conquistadores. En las tinieblas de la Edad Media se

---

[259] Lo que era muy fácil. A las rivalidades de idiomas y de razas se unieron rivalidades religiosas: catolicismo, arrianismo, priscilianismo, etc. (N. del A.)

realizó una horrible fusión de la barbarie gótica y la podredumbre romana, y sobre toda esta noche extendió su imperio la Iglesia.

Desde el Océano Índico al Océano Atlántico, la gran raza ariana, iniciadora del progreso humano, gime bajo el dominio del sacerdote. ¿Dónde, pues, se ha refugiado la vida? Puede ser que en este misterioso continente entrevisto por Platón bajo el nombre de Atlántida, que los irlandeses descubrieron el siglo X, para abandonarlo muy pronto, y qué Colón dio a conocer en 1492[260]: América. Menos bárbaros que los hombres del viejo mundo, los pieles rojas viven libres por tribus, se federan y no adoran más que a la naturaleza. Razas inteligentes y fuertes se establecen en Méjico y en el Perú; fundan poblaciones y hacen florecer la civilización, una civilización que no es mercantil y que cuesta muy poca sangre. ¡Aztecas, mayas, incas, hartaos de vivir en plena libertad; los días de luto no están muy lejos!

El viejo mundo se conmueve. El cristianismo sufre los ataques de Mahoma, que ha emprendido la fusión de las creencias[261]; sus discípulos se apoderan de Arabia, Persia, Asia Menor, parte de la India y de la China, todo el norte

---

[260] La América septentrional fue descubierta por Eric el Rojo en el año 970. Los irlandeses vivieron poco tiempo en este territorio, abandonándolo después de fundar algunos establecimientos. Parece que Colón al partir para América desconocía este descubrimiento. (N. del A.)

[261] La religión formulada por Mahoma en el Corán es una fusión del cristianismo, del judaísmo y aún del sabeísmo. (N. del A.)

del África y pasan a Europa. Las dos religiones se ven frente a frente, y mientras que del Oriente llegan siempre fanáticos, del Norte descienden siempre bárbaros[262]. Oprimidos por los curas, por los conquistadores de todas las razas, los siervos, esclavos del campo se revuelven al fin en Francia, en Germania, en Flandes. Arden los castillos. Los habitantes de la ciudades imitan el ejemplo y proclaman la Comuna. ¿Será esto la liberación? No; porque para que la revolución sea fecunda debe ser consciente, y la fe ha matado toda la inteligencia. ¡Qué de esfuerzos y de sangre hacen falta aún para arrancar a los tiranos un reconocimiento platónico de los derechos del ser humano! Combatida por los Pastoreaux, los Jacques[263], los burgueses y los montañeses suizos, la feudalidad siempre conserva bien afiladas las uñas y los dientes. En Lyon, en Londres, en Roma, en pleno corazón del catolicismo, hasta fines del siglo XIII, se vende a los hombres bajo la benévola mirada de los jefes de la Iglesia, que más que nunca predican sumisión y resignación. Pero pronto la esclavitud no bastará: la carne humana se ha de asar sobre la leña.

---

[262] Invasiones de sajones, daneses y normandos. (N. del A.)

[263] La traducción de F. Azzati peca aquí en exceso de literalidad. Charles Malato, al hablar de «*les Pastoreaux, les Jacques*» se refiere, respectivamente, a la llamada *cruzada de los pastorcillos* (*Croisade des Pastoureux*, en francés), una de las cruzadas populares convocadas de forma paralela a las cruzadas señoriales; y a las *jacquerías*, las revueltas periódicas de campesinos ocurridas en Francia durante la Edad Media, que se prolongarían durante el Antiguo Régimen.

¡Qué argumento tan poderoso para cuantos niegan el origen animal del hombre, haciendo de él un Dios caído, el presentar estas mutilaciones bárbaras, infligidas a la carne: hombres castrados, hombres quemados, hombres enrodados! En los ojos de los místicos discípulos de Santo Domingo[264] brilla la voluptuosidad del tigre que goza con el crujido de los huesos y absorbe la sangre con avidez. ¿Es más grande la diferencia entre el cerebro del antropoide y el del hombre primitivo que entre el cerebro de Torquemada[265] y el de Darwin?

¿La humanidad va a encharcarse en su propio rebajamiento? ¿Va a regresar a la animalidad? No, porque después que Schwarz[266] inventa la pólvora, Gutenberg inventa la imprenta y Colón descubre América, las ideas, mucho tiempo oprimidas, comienzan a brillar: esbózanse

---

[264] A la orden de los dominicos, fundada por Santo Domingo de Guzmán, pertenecieron la mayor parte de los inquisidores.

[265] Tomás de Torquemada (1420-1498), fraile dominico castellano, primer inquisidor general de Castilla y Aragón, así como confesor de la reina Isabel la Católica. Inició un largo y sangriento periodo de persecución de judíos y de conversos «judaizantes», aunque todo indica que él mismo procedía de una familia de conversos.

[266] Berthold Schwarz (muerto en 1384), alquimista y monje franciscano alemán. Tradicionalmente se le ha atribuido la invención de la pólvora, aunque lo cierto es que en China ya era conocida mucho tiempo atrás e, incluso en Europa, Roger Bacon ya la menciona casi un siglo antes.

ciencias desconocidas, y mientras la antigua escolástica se remueve en sus bases, intrépidos innovadores atacan la infalibilidad del Papa. ¿En nombre del Evangelio? ¡Ah, qué importa! El espíritu de examen, de crítica, se revela al fin. Hoy se niega al Papa, mañana se negará al rey y después se negará a Dios.

Como siempre, los pensadores y los héroes están en minoría. ¡Cuántos Segismundos[267] para un Ziska, cuántos Borgias para un Rabelais! Al precio de ríos de sangre, los burgueses de las capitales conquistan minúsculas libertades; pero ¿un despotismo no está destinado a desaparecer para que lo sustituya otro? En el aire viciado no se respira más que opresión. Pontífices, señores, reyes y mercaderes se suceden y se cubren de oro y púrpuras a costas de la masa. ¡La masa, esclava en otro tiempo y hoy sierva! ¡Diferencia de palabras que no es más que aparente[268]! Necesitará todavía tres siglos para conquistar una emancipación efectiva, no nominal. A fines del siglo XVII los campesinos son todavía animales negruzcos, flacos, velludos, desgarrando la tierra con sus manos para nutrirse con raíces[269].

---

[267] Parece referirse a Segismundo de Luxemburgo (1368-1437), emperador del Sacro Imperio Romano Germánico desde 1433 hasta su muerte, el último de la casa de Luxemburgo.

[268] En efecto, sierva se deriva de *servus*, que quiere decir esclavo, condenado a servir. (N. del A.)

[269] «Se ve a ciertos animales feroces, machos y hembras, esparcidos por el campo, negros, lívidos y tostados por el sol, sujetos a la tierra que arañan y remueven con invencible obstinación. Su

Y si los pinceles italianos y flamencos multiplican sus obras maestras, si los filósofos, dejando la escolástica a los frailes, crean la ciencia por la observación, si los escritores expresan el pensamiento en una lengua clara y brillante, la masa no puede participar de todo esto.

El trueno del 89-92 no resuelve nada para ella. Arrojados los señores, llegan los burgueses: la dominación por la herencia deja su sitio a la dominación del dinero, es decir, al fraude, a la explotación cobarde. Como en los tiempos de las Jacquerías[270], un pueblo trabaja y sufre para sostener en la abundancia a un puñado de parásitos. Ciertamente, los patricios no arrojan seres humanos[271] a sus viveros para que sirvan de pasto a los peces; los señores ya no uncen el siervo al arado, y esto es un progreso del que pueden alabarse los filántropos. Ya no existen el ergástulo[272] ni el castillo feudal; en su lugar se levantan el presidio, la fábrica y el lupanar, donde se amontonan los seres que la miseria ha señalado con su garra. La ley impersonal, ma-

---

voz es algo así como articulada, y cuando se levantan sobre sus pies, enseñan un rostro humano y, en efecto, son hombres. Por la noche se retiran a sus cuevas en donde viven comiendo pan negro, agua y vegetales...» (La Bruyère, *Les caractères*). (N. del A.)

[270] Cf. nota 263.

[271] Y aun hoy. Hace poco tiempo los cazadores de cocodrilos en la India cebaban la caza con seres humanos vivientes. (N. del A.)

[272] El *ergástulo* era una prisión de las antiguas ciudades romanas, destinada al encierro de los esclavos que agredían, ofendían, o no cumplían con los deseos de sus amos.

jestuosa, soberana en todo y en todo invulnerable, ha reemplazado a la religión, en la que nadie cree, y como ella grita: «¡Sumisión!»

¡Sumisión! ¡Ah, no; revuelta y protestas mientras sea el hombre carne de cañón! ¡Revuelta y protesta mientras la mujer sea carne de placer! Por la rebeldía contra el dogma, el creyente se hizo pensador; por la rebeldía contra la autoridad, el ciudadano acabará por hacerse hombre.

¿Por qué, pues, los pueblos que han conquistado el derecho de pensar no han de conquistar el derecho de vivir?

La Europa y la América poseen tres veces más productos agrícolas e industriales que sus habitantes pueden consumir, y, sin embargo, por todas partes el hambre arroja al obrero agrícola hacia la capital y de la capital hacia países desconocidos, en los que les esperan nuevas decepciones. Asia encierra incalculables riquezas que se pierden, faltas de salida, siendo el monopolio de un pequeño número de privilegiados, mientras que cada año millones de seres se agitan en las torturas del hambre.

Sólo la posesión de las fuerzas productoras y ante todo de la tierra, cuna primitiva de todas las riquezas, dará a la humanidad el bienestar, el desenvolvimiento físico de la especie, el refinamiento intelectual, la urbanidad en las costumbres.

El bienestar y la libertad hicieron de los antiguos griegos una de las razas mejor dotadas ¡Que se compare al turco embrutecido por el despotismo con el árabe independiente, de formas artísticas y espíritu despierto, propio a la vez para la poesía y el cálculo! Diferencias profundas distinguen las razas.

Los salvajes comunistas de Tahití y de la mayor parte de las islas oceánicas eran dulces y hospitalarios; los habitantes de la Tierra de Fuego, miserables y famélicos, son feroces. Transportado sobre la balsa de *La Medusa*[273], el mejor hombre del mundo, al cabo de seis días, optará entre el suicidio o la antropofagia.

El hombre, no hay que dejarlo de repetir, es hijo del ambiente en que vive; gotoso y triste en una región pantanosa, salvaje en los bosques, soñador a la orilla del Océano.

Entre los septentrionales el carácter tiene algo de la gravedad de la naturaleza hiperbórea; entre los montañeses suizos y escoceses refleja la serenidad de los lagos y de los ventisqueros. Entre los pueblos del Mediodía, en los que el aire puro embriaga como un licor y la respiración es frecuente o intensa, el hombre absorbe la vida que le rodea, tiende a confundirse con la naturaleza, y es más voluble, más impresionable. Las palabras escápansele con espontaneidad, y es más locuaz que el hombre del Norte que, en su atmósfera de brumas, ante sus monótonos paisajes, ape-

---

[273] La fragata francesa «*Medusa*» naufragó el 2 de julio de 1816 en Arguin, a cuarenta leguas de la costa occidental de África. Cuando se perdió la esperanza de salvar el buque, ciento cuarenta y nueve desgraciados refugiáronse sobre una balsa construida con maderos. Solos, en la inmensidad de los mares, después de doce días, la balsa fue descubierta por el brik «Argos», que recogió a quince agonizantes, los demás se ahogaron o habían sido devorados por los supervivientes. Géricault ha pintado su mejor lienzo sobre este asunto. (N. del T.)

nas despliega los labios para dejar pasar a sus pulmones un poco de aire fresco[274].

Poco a poco se atenuarán estas diferencias. Por la ciencia, por las relaciones internacionales, por la difusión de las ideas, nuestro globo lleva camino de unificarse. Hasta ese día será un gran obstáculo para el progreso la dificultad entre los pueblos para cambiar sus ideas. Contrariados por este inconveniente de la diversidad de idiomas, ciertos sabios han concebido la idea quimera de resucitar una lengua muerta. Otros, excitados por el orgullo nacional, tratan de imponer al resto de la humanidad el idioma de su patria. Algunos más lógicos, han pensado en crear un idioma universal con las raíces de las principales leguas europeas[275], invento que, a despecho de los bromistas, podrá proporcionar inapreciables servicios, pero que indudablemente será poco accesible a las masas[276].

El *sabir*[277], mezcla del árabe, del francés, del español, del

---

[274] Vemos aquí una clara influencia de Montesquieu (cf. nota 189), que más de un siglo antes escribía: «Las necesidades en los diferentes climas han dado origen a los distintos modos de vida, y éstos, a su vez, han dado origen a los diversos tipos de leyes».

[275] El *volapük*, lengua artificial, que contiene las raíces francesas, inglesas, alemanas y rusas. (N. del A.)

[276] Malato no cita el *esperanto*, pero no es de extrañar, pues su primera gramática había sido publicada en Varsovia tan sólo un año antes, en 1887, por su creador, el oftalmólogo polaco L. L. Zamenhof.

[277] *Sabir*, que significa saber. (N. del A.)

italiano y del maltés, se habla en toda la costa septentrional del África. El *pidgeon-english*[278], mezcla de inglés, de portugués y de chino, permite a las razas indígenas y extranjeras comunicarse entre ellas desde un extremo a otro del litoral Sur de Asia. El *bichelamare*[279], compuesto de palabras francesas, españolas, portuguesas, inglesas y canacas[280], destinado a reinar definitivamente sobre la Oceanía.

Nacidos al contacto de pueblos diferentes, estos dialectos forman, en los países en que se hablan, la lengua democrática e internacional en oposición a la oficial de los funcionarios. ¡Quién sabe si estos dialectos más generalizados que muchos idiomas no están llamados a encontrarse y fusionarse, para formar después de muchos años la verdadera habla marítima desde el África occidental a las costas del Pacífico! Hay que prever para dentro de poco importantes movimientos étnicos. El gran impulso libertador que se producirá en Europa, destruyendo gobiernos y fronteras, tendrá profundas repercusiones en otras partes del mundo. Soberanos protegidos, embajadores, residentes, toda la retahíla de parásitos europeos desaparecerán, dejando en muchas partes las poblaciones, ya autónomas,

---

[278] *Pidgeon*, corrupción de la palabra *business*, negocios. Pidgeon-english quiere, pues, decir en inglés, negocios. (N. del A.)

[279] *Bichelamare*, lenguaje de los pescadores de la *holoturia*, pescado muy abundante en Oceanía. (N. del A.)

[280] Indígenas de Nueva Caledonia. (N. del A.)

elaborar ellas mismas las formas de su vida social[281].

Los grandes trabajos ejecutados en la superficie de nuestro planeta, tendrán por resultado modificar considerablemente el aspecto, los productos y aun los climas. La simple apertura del istmo de Suez por la evaporación del mar, ha conducido nubes y, por consecuencia, lluvias, a una región en la que antes no caía una gota de agua. Las derivaciones de los hielos, que durante seis meses del año obstruyen la embocadura del San Lorenzo, tendrá por efecto aumentar la temperatura en una distancia de muchos cientos de millas. ¿Quién puede decir que la corriente cálida del *Gulf Stream* no servirá para revivificar las costas del hemisferio boreal, mientras que la creación de un mar interior en el Sahara atemperará los calores del África central? El problema de la dirección de los globos reducirá las expediciones más peligrosas a simples paseos.

De la fusión de todos los pueblos surgirá seguramente, en un número de siglos que no se puede determinar, una raza unificada que resumirá los principales caracteres de las que habían servido para constituirla. Esta raza, que será la *humana*, sencillamente diferirá de nosotros más que nosotros de nuestros salvajes antepasados de la edad de la piedra. Nadie puede señalar límites al progreso. ¿Quién ha dicho que la humanidad no adquirirá nuevos sentimientos?

Bien puede preguntarse si actualmente no existe el ger-

---

[281] Anticipa aquí Malato los procesos de descolonización, que se producirían tras la II Guerra Mundial.

men de un sexto sentido, al menos en los cerebros más cultos. ¿Qué es esta facultad de trasmitir o de recibir el pensamiento sin el auxilio de agentes exteriores, esta clase de telegrafía sin hilos, exagerada por los ignorantes, explotada por los charlatanes, ridiculizada por los escépticos, negada por los pontífices de la ciencia bajo el nombre de hipnotismo y hoy admitida por todos bajo el nombre de magnetismo[282]? ¿Se rechaza el presentimiento y se admite la intuición? ¿Hasta que punto, sin embargo, difiere la intuición del pensamiento[283]?

Desconfiando tanto de lo maravilloso como de los pre-

---

[282] Las últimas décadas del s. XIX supusieron el momento de esplendor del *espiritismo*, el *hipnotismo* y el *magnetismo*, que por un breve lapso de tiempo gozaron de popularidad y reconocimiento, incluso en ámbitos científicos. Como no podía ser de otro modo, cayeron pronto en el descrédito.

[283] En el fondo nada hay de maravilloso en el presentimiento o intuición. Estando admitido que el azar no existe, que los hechos obran unos sobre otros y se determinan, un cerebro muy vasto y en condiciones para abarcar cuanto se hace, podría deducir seguramente todo lo que se hará: el resultado, pues, está trazado con antelación. No hay nada de extravagante en la suposición de que, el cerebro de los individuos dotados de una excesiva nerviosidad, sorprendiendo percepciones que escapan a la masa, concibe espontáneamente, por un trabajo psíquico, especie de operación algebraica tan rápida que ellos mismo no la advierten, deducciones que desconciertan a los espíritus superficiales. Hay en el orden psicofisiológico todo un mundo de hechos mal definidos que se comienzan apenas a estudiar. (N. del A.)

juicios, el cerebro humano, que se desarrolla cada vez más, tiende a adaptarse a nuevas funciones.

¿Nuestros cinco sentidos no se resumen en uno solo del que los otros se derivan, el tacto? ¿Qué es la vista? El *tacto* de nuestra retina con las ondas luminosas. ¿Qué es el oído? El *tacto* por nuestro tímpano de las ondas sonoras. ¿Qué es el sabor y el olor? El *tacto* de las papilas de la lengua y el *tacto* de la membrana pituitaria; impresiones transmitidas al cerebro por el *tacto* de la materia nerviosa. A los primeros organismos, a los seres que ocupan el primer grado en la escala zoológica, este es el único sentido que se les ha devuelto. El tacto es también el primero que se despierta en el niño recién nacido.

El progreso continúa su marcha. Aún vemos a las diseminadas razas que componen nuestra humanidad caminar lentamente, pero con paso seguro, a su fusión y a su posesión del globo.

En la vieja Europa la reunión de los pueblos en tres o cuatro agrupaciones distintas: latina, germana, eslava y quizás greco-danubiana, precederá, aunque de muy poco tiempo, a la federación de los pueblos hoy rivales.

América está más próxima quizá que nosotros a su revolución social. Mientras que los experimentos de colonización socialista intentados en diversos puntos[284] esparcen

---

[284] Especialmente en Texas y en Illinois, en donde Cabet fundó un centro comunista (en Nauwoo). El experimento, hecho sobre bases demasiado autoritarias, no dio buen resultado, pero las ideas socialistas se esparcieron en la región. En Diamenti, en el

las ideas, y, mejor que las ideas, los ejemplos, la llegada de una muchedumbre de emigrantes latinos y sajones las introduce en los Estados Unidos y en La Plata. La vida en los bosques y en las Pampas desarrolla costumbres independientes. La revolución encontrará en América sus más resueltos soldados.

Emancipadas política y económicamente estas regiones, cuya población pasará entonces de 150 millones de habitantes, adquirirán en los comienzos de este siglo una importancia predominante. Muy probablemente la civilización humana tendrá allí su principal hogar. Las naciones de Europa, momentáneamente agotadas, están llamadas a desempeñar, con relación a la joven América, el papel que con respecto a ellas mismas desempeñan los pueblos de Asia.

Y sin embargo, Asia no ha muerto; está adormecida. Este gran depósito de razas que ha lanzado sucesivamente sobre el viejo mundo a los escitas, los árabes, los mongoles y los turcos, tiene aún en reserva quinientos millones de seres humanos hacinados en la China, la Indo-China y el Japón. Hay en esto una temible eventualidad. La invasión de la raza amarilla, aunque no se ejerza violentamente, no por esto deja de constituir un peligro; y si los trabajadores no reconquistan de sus amos la tierra y los instrumentos de producción para explotarlos ellos, perderán sus menguados salarios, conduciéndoles al suicidio la llegada de

Paraguay, una colonia de 3.000 rusos funciona casi sobre bases comunistas anarquistas. (N. del A.)

los obreros chinos[285]. Contra éstos la resistencia es imposible: una cazuela de arroz y un poco de té cuestan veinticinco céntimos diarios, y esto les basta para su alimentación. Para alojamiento no se necesita más que un chiribitil, en el que se amontona a quince o veinte individuos. Nada de gastos superfluos: teatro, café, libros ni periódicos. Hasta ni mujeres necesitan, pues entre ellos se satisfacen. A los de espíritu más refinado les basta con una pipa de ese opio que envenena al individuo y atrofia la raza.

Contra este peligro, ¿dónde está el remedio?

¿Prohibir la inmigración china, que después de la América y de Australia amenaza a Europa? Aun siendo éste un bárbaro paliativo, los gobiernos capitalistas no querrán perder tan preciosa ocasión de aplastar al proletariado, porque los amarillos invasores podrán servir no sólo para fatigarse en las fábricas, sino también para fusilar al pueblo. Cartago en la antigüedad y las repúblicas de mercaderes, ¿no tenían mercenarios que resultaban más temibles para la plebe indómita que para los enemigos del exterior?

Los Estados Unidos han intentado la prohibición. Esto no impide que en los Estados del Oeste haya gran número de chinos. No cabe duda, por otra parte, que los burgueses

---

285 Para empobrecer más al proletario europeo y americano no es menester que los capitalistas llamen a los obreros chinos; bastaría con que creasen en Oriente fábricas y talleres que, visto lo inverosímil de la mano de obra, les permitiría inundar el mundo con sus productos. (N. del A.)

archimillonarios que forman el gobierno de la Unión no perderán la primera coyuntura, con motivo de las huelgas obreras, para revocar el decreto.

El remedio único y soberano está en la revolución social. Cuando los trabajadores hayan expropiado a sus patronos, ya no tendrán que temer la competencia de los obreros chinos.

Pero podría objetársenos: ¿Una vez hecha la revolución, el contacto con una raza de hábitos serviles, poseyendo civilización y costumbres diferentes de las nuestras, cesará de constituir un peligro? ¿No será necesario llegar a las guerras de exterminio, reanudar el eterno duelo entre Asia y Europa?

El peligro existirá todavía, pero más fácil de conjugar; el Oriente bárbaro encontrará la resistencia de la Europa unida, y unida precisamente por la destrucción de las patrias que la dividen en una veintena de naciones enemigas unas de otras. La raza amarilla, por otra parte, despierta de su largo letargo y comienza actualmente el aprendizaje de civilización. Estos obreros chinos, que hacen a los obreros americanos y europeos ruda competencia, reciben y se comunican entre ellos algunas ideas de progreso. Los viajes, las relaciones internacionales, son, por otra parte, más eficaces que las conquistas que depravan a vencedores y vencidos.

Al Este de la China hállase un pueblo de la misma raza, el japonés, más joven, vigoroso, lleno de savia, dotado de condiciones para asimilarse las costumbres europeas[286]. Los japoneses, que son en cierto modo los franceses del extremo Oriente, contribuirán a desinfectar a la antigua Asia de sus religiones y de sus autocracias.

Porque no hay que engañarse; solamente por medio de una propaganda incesante, de una cruzada pacífica, se podrá evitar definitivamente el peligro chino, colocando a la raza amarilla en condiciones de redimirse.

Una guerra de exterminio, fatal para los europeos aun siendo vencedores, necesitaría la reconstitución de ejércitos permanentes con todo el aparato del estado burgués. A costa del derramamiento de sangre, los asiáticos podrían ser dominados, pero entonces la raza blanca formaría toda entera una nueva burguesía, oprimiendo un inmenso proletariado. Porque es así, por la conquista, como nacen las castas y las revoluciones. Esto sería condenar a la humanidad a nuevas luchas.

Aparte la propaganda, medio moral, existe otra manera de contener la invasión de la raza china, o por lo menos retardarla hasta el momento en que esta raza emancipada no sea peligrosa. Este medio es desviarla sobre África[287].

---

[286] Estas líneas se escribieron ocho días antes de la guerra chino-japonesa. Los japoneses han demostrado su vitalidad. Desde el punto de vista industrial y marítimo, el papel que han de desempeñar es muy importante. Es de desear que el espíritu militar y patriotero, momentáneamente desarrollado por sus victorias, no los contagie. (N. del A., 1897)

[287] La apertura del istmo de Panamá aproximando el extremo

Este continente, maravillosamente fértil, tres veces más grande que Europa y tres veces menos poblado, contiene riquezas dispuestas a ser explotadas. Una inmigración china concienzudamente dirigida y favorecida, no por innobles traficantes, sino por sociedades serias y honradas penetradas de un alto concepto de civilización, estimularía la actividad de los pueblos negros, y multiplicando la mano de obra daría un golpe mortal a la esclavitud. La ardiente sangre de los africanos reanimaría a la raza asiática.

No cabe duda que durante mucho tiempo todavía la iniciativa y la dirección de los grandes movimientos sociales, dirección no ya egoísta ni autoritaria, sino moral y fraternal, la mantendrán los arianos, representados sobre todo por los elementos latinos, sajones y eslavos.

Son necesarios dos o tres siglos de relaciones y cruzamientos para que las razas que no tenemos derecho a asesinar se fundan sin peligro en la única raza humana.

Libre en adelante, pacificada y unida, la humanidad proseguirá su marcha hacia el progreso sin limites, como para justificar esta notable frase de un filosofo: «Los hombres descienden de los animales y deben convertirse en dioses.»

FIN

Oriente al viejo continente, hace más posible este encuentro de los pueblos, lleno de consecuencias económicas. (N. del A.)

Las colonias anarquistas

— Élisée Reclus[288] —

---

[288] Cf. nota 4.

Las colonias anarquistas.

Hace poco tuve el gusto de asistir a la representación de *La Clairière*, de Lucien Descaves y Maurice Donnay[289], lo que me causó una alegría que hacía muchos años no había sentido en el teatro, y esta vez, a la verdad, menos por la obra que por los espectadores, que me parecieron conmovidos en lo más hondo de sus sentimientos, y esto no sólo los del paraíso, sino todos en general. Con simpatía profunda, con palpitante ansiedad miraban todos *La Clairiére* anarquista, tan diferente, a lo menos en sueño, de los turnos infectos o la tiránica *boite* en que se consume la vida en esta sociedad; todos elevaban su ideal hacia una sociedad decente y honrada, y cuando más altas y dignas eran las palabras que oían, mejor parecían comprenderlas. Por algunas horas los burgueses, los hartos, los medrosos, arrojaban lejos de sí sus añejas preocupaciones y su trasnochada moral; se despojaban del hombre viejo.

No haré la crítica de la obra; no señalaré sus meritos ni sus defectos: muchos compañeros lo han hecho con nimia sagacidad y con simpatía hacia los autores; por mi parte no siento necesidad de analizar sutilmente mis placeres: lo

---

[289] Lucien Alexandre Descaves (1861-1949), escritor y dramaturgo francés, naturalista y libertario; y Charles Maurice Donnay (1859-1945), dramaturgo francés. Coautores de la obra «La Clairière» [«El claro», en español], estrenada en el Théâtre Antoine de París en 1900.

que me interesa es el asunto, que tan profundamente nos ha conmovido a todos. Este claro que ha desaparecido de nuestra vista como un miraje del desierto, ¿reaparecerá de modo más duradero? En medio de esta sociedad mala, tan torpemente incoherente, ¿llegaremos a agrupar los buenos en microscosmos distintos, constituyéndose en falanges armónicas, como quería Fourier[290], de modo que la satisfacción de los intereses individuales coincidan y se ajusten perfectamente con el interés común, rimando sus pasiones en un conjunto a la vez poderoso y pacífico, sin que nadie experimente por ello el menor sufrimiento? En una palabra, ¿crearán los anarquistas Icarias[291] para su uso particular del mundo burgués?

Ni lo creo ni lo deseo.

Nuestros enemigos nos aconsejan con buena voluntad y mala intención que nos alejemos de la sociedad burguesa y pongamos el Océano entre ella y nosotros; nos animan a hacer nuevos experimentos de utopía, en países con la doble esperanza de desembarazarse de nosotros y de expo-

---

[290] Cf. nota 39.

[291] Icaria es una isla griega cercana a Samos, que llegó a constituir un estado propio, el Estado Libre de Icaria, independiente del Imperio Otomano y de Grecia, durante seis meses en 1912. En 1842 el socialista utópico Étienne Cabet publica la obra «Viaje a Icaria», donde describe una utopía comunista. El libro fue muy influyente en la Europa de la época, y supuso el comienzo del movimiento de los icarianos, que establecería un grupo de comunas igualitarias en Norteamérica entre 1848 y 1898.

nernos al ridículo de nuevos fracasos: se ha llegado hasta hacer la proposición seria y formal de embarcar todos los anarquistas declarados y conducirlos a una isla de la Oceanía, que se les regalaría, a condición de no salir jamás de ella y de acostumbrarse a la vista de un barco de guerra que apuntase continuamente sus cañones al campamento.

¡Muchas gracias, amables conciudadanos! Aceptamos vuestra «Isla Afortunada», pero a condición de ir a ella cuando nos plazca, y entretanto quedamos en el mundo civilizado, donde, evitando vuestras persecuciones del mejor modo posible, continuaremos nuestra propaganda en vuestros talleres, fábricas, heredades, cuarteles y escuelas; proseguiremos nuestra obra donde nuestra esfera de acción sea más extensa, en las grandes ciudades y en las campiñas populosas.

Pero aunque no pensemos en retirarnos del mundo para fundar una especie de Ciudad del Sol[292], habitada únicamente por elegidos, no hay duda que durante el curso de nuestra lucha secular contra los opresores de toda categoría, tendremos repetidas ocasiones de agruparnos temporalmente, practicando el nuevo modo de respeto mutuo y de completa igualdad. Las peripecias mismas de la lucha

---

[292] «Ciudad del Sol» fue una obra escrita por el filósofo italiano Tomás Campanella (1568-1639), y publicada en 1602. Junto con la «Utopía» de Tomás Moro (1478-1535) constituye la obra utópica más influyente de los inicios de la modernidad, y en ella Campanella presenta una sociedad ideal a medio camino entre el comunismo y la teocracia.

nos agruparán frecuentemente a la fuerza, y en estos casos es imposible que nuestras sociedades no se constituyan conforme a nuestro ideal común.

Puedo citar como ejemplo la «comuna de Montreuil» y otros varios ensayos que pueden animarnos poderosamente. Lo imprevisto no dejará de ayudarnos en nuevas y favorables ocasiones, y gracias a la creciente fuerza colectiva que nos dan el número, la iniciativa, la fortaleza moral, la clara comprensión de las cosas; gracias también a la penetración gradual de nuestras ideas lógicas en el mundo enemigo, veremos realizarse cada vez con más frecuencia obras de toda clase: escuelas, sociedades, trabajos en común que nos aproximarán al ideal soñado. Ciego es quien no ve el trabajo subterráneo que se efectúa y cristaliza, como hecho consumado, en sentido libertario, en cada familia y en cada grupo de individuos, legal o espontáneo.

Por lo demás, nada nos cuesta reconocer que hasta el presente, casi todas las tentativas formales de establecimiento de colonias anarquistas en Francia, Rusia, Estados Unidos, Méjico, Brasil, etc., han fracasado, como *La Clairiére*, de Descaves y Donnay. ¿Podía ser de otro modo, cuando las instituciones del exterior, unión y fraternidad legales, subordinación de la mujer, propiedad individual, compras y ventas, empleo del dinero, habían penetrado en la colonia como malas semillas en un campo de trigo? Sostenidas por el entusiasmo de algunos, por la belleza misma de la idea dominante, pudieron durar algún tiempo esas empresas, a pesar del veneno que las consumía lentamente; pero a la larga hicieron su obra los elementos disgregantes, y todo se hundió por su propio peso, sin necesidad de violencia exterior.

Aun cuando los desorganizadores, introducidos por dos escritores en La *Clairiére*: el borracho, el ladrón, el perezoso, el escéptico, el adúltero, el mercader y el denunciador, no hubiesen estado en el número de los socios, no por eso hubiera dejado de predecir la ruina de la colonia, después de un periodo más o menos largo de decadencia y languidez; porque el aislamiento no queda impune: el árbol que se transplanta y que se pone bajo cristal, corre peligro de perder su savia, y el ser humano es mucho más sensible aún que la planta. La cerca puesta alrededor de sí por los limites de la colonia, es letal; acostúmbrase a su estrecho medio, y de ciudadano del mundo que era, empequeñécese gradualmente a las mínimas dimensiones de un propietario; las preocupaciones del negocio colectivo que lleva entre manos, estrechan su horizonte; a la larga se convierte en un despreciable gana-dinero.

En la época en que los mismos revolucionarios se cobijaban bajo el manto de la Iglesia católica, viéronse frecuentemente monjes rebelados contra el mundo de los opresores, salir de él ruidosamente para entregarse al trabajo y participar fraternalmente de la miseria del pueblo; pero es regla general y absoluta que los monasterios fundados por fanáticos de justicia y de verdad, no guardaron jamás su entusiasmo y su celo inicial, y acabaron siempre por convertirse en abrigo de parásitos, lo mismo que todos los conventos.

La consecuencia es que por ningún pretexto ni interés

de ningún género debemos encerrarnos: es preciso permanecer en el amplio mundo, para recibir de él todos los impulsos, para tomar parte en todas las vicisitudes y recibir todas las enseñanzas. Retirarse unos cuantos amigos al campo para pasearse y hablar de las cosas eternas a la manera de los discípulos de Aristóteles, es abandonar la lucha, y como dice Lucrecio[293], soltar la positividad de la vida para coger una ficción de ella. Nuestros amigos de la «Joven Icaria»[294], en los Estados Unidos del Oeste, parecen haberlo comprendido perfectamente: herederos de las tradiciones comunistas de la antigua Icaria, comprendieron felizmente que las celosas reglamentaciones antiguas y toda la logomaquia de estatutos y leyes sólo sirven para crear enemistades y rebeldías, y declarándose anarquistas, «hacen lo que quieren», es decir, trabajan fraternalmente para el bien común, que es al mismo tiempo para su provecho personal; pero su campaña, por dulce y buena que sea para los viejos cansados de las luchas y amantes del reposo, parece insípida para los jóvenes ardientes, que necesitan la práctica de las cosas, la ruda experiencia de la vida, los conflictos que forman el carácter y que permiten conocer los hombres. Vanse, pues, alegremente a engolfarse en el mundo, llevando siempre el consuelo de saber que

---

[293] Tito Lucrecio Caro (99-55 a. C.), poeta y filósofo romano.

[294] Colonia icariana cerca de Corning (Iowa, Estados Unidos). Se constituye en la década de 1870 y perdura hasta 1898, en que se disuelve y sus miembros se integran en la vida de los pueblos aledaños.

si la adversidad los persigue y la miseria les aprieta, pueden volver cerca de sus viejos amigos, donde tendrán pan, aire puro y palabras amistosas para reconfortarse moral y materialmente.

En realidad, aquellos de nuestros compañeros a quienes seduce la idea de retirarse del mudo en algún paraíso cerrado, tienen la ilusión de que los anarquistas constituyen *un partido* fuera de la sociedad, lo cual es absolutamente erróneo. Gozamos y nos apasionamos en la práctica de lo que juzgamos igualador y justo, no solamente entre nuestros compañeros, sino entre todo el mundo. La humanidad es mucho más grande que la anarquía en su más elevado ideal. ¡Cuántas cosas ignoradas aún nos serán reveladas por el estudio profundo de la Naturaleza, por la amorosa solidaridad hacia todos los hombres, con todos los desgraciados que han sufrido como nosotros la influencia del medio incoherente que queremos restaurar bajo su forma armónica! En nuestro plan de existencia y de lucha, no es la capillita de los compañeros lo que nos interesa, es el mundo entero. Nuestra ambición consiste en conquistar para la verdad todo el planeta, con amigos y enemigos, hasta aquellos a quienes una educación funesta, todo el atavismo de las castas y el virus de las iglesias, han agrupado y armado para caer como fieras contra la verdad.

Índice: